新媒体·新传播·新运营 系列丛书

U0689025

秋叶

和秋叶一起学

新媒体
平台运营实战
AIGC版

沈珺 郭明◎主编

李雪 王小刚◎副主编

慕课版

人民邮电出版社

北京

图书在版编目（CIP）数据

新媒体平台运营实战：AIGC版：慕课版 / 沈珺，
郭明主编. -- 北京：人民邮电出版社，2025. --（新媒
体·新传播·新运营系列丛书）. -- ISBN 978-7-115
-59378-8

Ⅰ. G206.2

中国国家版本馆 CIP 数据核字第 2025A0S461 号

内 容 提 要

本书主要介绍当前主流新媒体平台的发展历程、推荐机制、内容创作及运营模式等。全书共计 11
章，第一章介绍了新媒体平台的主要特征、主流的新媒体平台、在新媒体平台获取收益的方式、新媒
体平台的运营规则等；第二章从明确账号定位、选择合适的平台、账号设置、搭建选题素材库等多个
维度，分析了新媒体平台运营的关键步骤；第三章至十一章分别介绍了微博、微信公众号、今日头条、
小红书、知乎、抖音、快手、视频号、哔哩哔哩的发展历程、推荐机制、内容创作及运营模式等。

本书可作为高等院校市场营销类、企业管理类、商务贸易类、电子商务类等相关专业的新媒体营
销课程的教材，也适合从事企业营销、新媒体营销的人员使用。

◆ 主　编　沈　珺　郭　明
　　副主编　李　雪　王小刚
　　责任编辑　连震月
　　责任印制　王　郁　彭志环
◆ 人民邮电出版社出版发行　　北京市丰台区成寿寺路 11 号
　　邮编　100164　电子邮件　315@ptpress.com.cn
　　网址　https://www.ptpress.com.cn
　　北京天宇星印刷厂印刷
◆ 开本：787×1092　1/16
　　印张：12.5　　　　　　　　　2025 年 6 月第 1 版
　　字数：295 千字　　　　　　　2025 年 6 月北京第 1 次印刷

定价：52.00 元

读者服务热线：(010)81055256　印装质量热线：(010)81055316
反盗版热线：(010)81055315

编写背景

党的二十大报告指出，加快发展数字经济，促进数字经济和实体经济深度融合，打造具有国际竞争力的数字产业集群。新媒体可以说是发展数字经济的有力支撑。在数字化时代的浪潮中，我国正积极推进数字化转型战略，新媒体作为这一战略的重要一环，其发展和应用已成为国家层面关注的重点。随着国家政策的引导和战略规划的实施，越来越多的企业和个人开始深刻认识到，通过新媒体平台运营不仅能实现品牌宣传、产品销售、个人影响力提升等传统营销目标，还能有效推动数字经济和实体经济深度融合。

与此同时，随着技术的不断进步和创新，新媒体平台如雨后春笋般涌现，形成了多元化的竞争格局。这些平台以其独特的传播方式和交互性为运营者提供了广阔的市场空间和无限的创意可能。

为响应国家发展数字经济、提升新媒体运营水平的号召，编者结合自身新媒体平台运营领域的丰富实践经验，以及最新的运营方法与营销理念，精心编写了本书。本书系统、全面地呈现了当前时代背景下新媒体平台运营的专业知识、技巧和营销方式，可以作为新媒体相关专业学生和从业人员的学习指南。

本书特色

体系完整：本书内容详尽、体系完整，包含了当前市面上主流新媒体平台的概况、运营实操方法、营销思路，可以让读者零基础、全方位地了解当前主流新媒体平台的运营。

案例丰富：本书涵盖大量新颖的新媒体平台营销案例，可以让读者更为直观、轻松地理解书中所讲授的内容，真正地掌握新媒体平台运营的方法、营销思路和技巧。

注重思考与实践：本书精心设计了大量的思考与练习、课堂练习等实操探索板块，能够引导读者发挥其主观能动性，以便学以致用，切实提升读者的新媒体平台运营能力。

配套资源丰富：本书配有慕课视频，读者用手机扫描封面二维码即可观看。另外，本书还提供 PPT 课件、教案、教学大纲等资源，选书老师可以登录人邮教育社区（www.ryjiaoyu.com）下载获取。

编者说明

本书由沈珺和郭明担任主编，由李雪和王小刚担任副主编。在编写《新媒体平台运营实战》这本书的过程中，我们深感责任重大，同时也收获颇丰，衷心感谢每一位为本书提供宝贵意见和建议的专家、学者，以及那些默默支持我的同仁和朋友。

然而，我们也深知，任何一部作品都不可能完美无缺。因此，恳请广大读者在阅读本书的过程中，能够不吝赐教，提出宝贵的意见和建议。您的每一条建议都将是我们进一步完善这部作品的重要参考。

编者

2024 年 11 月

PART 01

第一章
新媒体平台概述　　　　　　　1

1.1　新媒体平台的主要特征　　2
1.1.1　全民创作　　　　　　2
1.1.2　全网络覆盖　　　　　2
1.1.3　用户主导　　　　　　2
1.1.4　多元发声　　　　　　2
1.1.5　注重口碑传播　　　　3
1.1.6　利于营销闭环　　　　3
1.1.7　推荐个性化　　　　　3
1.2　主流的新媒体平台　　　　4
1.2.1　新媒体平台的分类　　4
1.2.2　认识不同的新媒体平台　5
1.3　在新媒体平台获取收益的方式　10
1.3.1　企业：品牌宣传及产品销售　10
1.3.2　内容创作者：广告植入、电商"带货"　　　　12
1.3.3　MCN：实现商业的稳定变现　　　　　　　14
1.3.4　其他变现方式　　　　14
1.4　新媒体平台的运营规则　　16
1.4.1　新媒体运营的行为规范　17
1.4.2　新媒体运营过程中的权益维护　　　　　　　18

PART 02

第二章
新媒体平台运营关键步骤　　20

2.1　明确账号定位　　　　　　21
2.1.1　分析竞品账号　　　　21

2.1.2　挖掘擅长点　　　　　22
2.1.3　增强辨识度　　　　　23
2.1.4　明确运营目的　　　　24
2.2　选择合适的平台　　　　　25
2.2.1　新媒体平台的选取维度　25
2.2.2　多平台运营的趋势　　26
2.3　账号设置　　　　　　　　29
2.3.1　互联网中的个人商标——账号名称　　　　　29
2.3.2　社交网络中的第一印象——头像　　　　　　30
2.3.3　我为自己代言——账号简介　31
2.3.4　内容封面图的选用方法　31
2.4　搭建选题素材库　　　　　32
2.4.1　素材库内容来源　　　32
2.4.2　竞品账号热门内容拆解　33
2.4.3　选题素材表的建立与应用　34
2.5　数据分析　　　　　　　　35
2.5.1　用户分析　　　　　　35
2.5.2　内容分析　　　　　　36
2.5.3　转化分析　　　　　　37
2.6　熟用工具，助力新媒体平台运营　　　　　　　　38
2.6.1　AIGC 工具　　　　　38
2.6.2　文章编辑工具　　　　42
2.6.3　图片处理工具　　　　43
2.6.4　视频剪辑工具　　　　44
2.6.5　数据分析工具　　　　45

PART 03

第三章
微博运营　　　　　　　　　47

3.1　微博概述　　　　　　　　48

3.1.1 微博的基本介绍 48

3.1.2 微博的发展历程 48

3.1.3 微博的价值与机遇 49

3.2 微博的推荐机制 49

3.2.1 微博常见的推荐机制 50

3.2.2 微博推荐机制的作用 51

3.3 微博的内容类型及创作技巧 51

3.3.1 微博的内容类型 51

3.3.2 微博内容的创作技巧 54

3.4 微博的运营模式 56

3.4.1 品牌赋能模式：多人设矩阵
账号联动运营 56

3.4.2 话题营销模式：制造话题
激发全平台讨论 57

3.4.3 微博出圈模式："两微一抖"
跨平台运营 59

PART 04

**第四章
微信公众号运营 61**

4.1 微信公众号概述 62

4.1.1 微信公众号的发展历程 62

4.1.2 微信公众号的主要类型 62

4.1.3 微信公众号的价值与机遇 63

4.2 微信公众号的推荐机制 64

4.2.1 微信公众号的主要推荐机制 64

4.2.2 提升内容推荐指数的技巧 66

4.3 微信公众号的运营策略 66

4.3.1 微信公众号的定位 66

4.3.2 微信公众号的品牌运营 70

4.3.3 微信公众号内容创作技巧 72

4.3.4 微信公众号的推送技巧 74

4.4 微信公众号的运营模式 75

4.4.1 口碑打造模式：内容吸引+
持续服务 75

4.4.2 社交破圈模式：高质量
内容输出+好友推荐 76

4.4.3 私域闭环模式：视频号
获客+微信公众号筛选+
客服号维护+社群活动 77

4.4.4 拓客裂变模式：裂变活动+
多渠道宣传 78

PART 05

**第五章
今日头条运营 81**

5.1 今日头条概述 82

5.1.1 今日头条的基本介绍 82

5.1.2 今日头条的发展历程 82

5.1.3 今日头条的价值与机遇 83

5.2 今日头条的推荐机制 84

5.2.1 今日头条的三大推荐
机制 84

5.2.2 今日头条推荐机制的
作用 85

5.3 今日头条的内容类型 85

5.3.1 官方账号主要内容 85

5.3.2 个人自媒体主要内容 87

5.4 今日头条的运营模式 89

5.4.1 常规运营模式：内容输出+
站内变现 89

5.4.2 生态出圈模式：头条文章+
短视频 91

5.4.3 品牌孵化模式：官方账号
认证+信息流推广 93

── PART 06

第六章
小红书运营 **95**

6.1 小红书概述 **96**
6.1.1 小红书的发展历程 96
6.1.2 小红书的价值与机遇 97
6.2 小红书的账号运营 **97**
6.2.1 关注官方账号 98
6.2.2 简介引导 99
6.2.3 巧用图文笔记图片 100
6.2.4 笔记置顶 101
6.2.5 创建群聊 101
6.3 小红书的内容运营 **103**
6.3.1 小红书笔记的标题创作 103
6.3.2 小红书笔记的封面设计 104
6.3.3 小红书的正文分类 107
6.4 小红书的运营模式 **111**
6.4.1 常规运营模式：垂类内容+
人设打造+社区建设 111
6.4.2 口碑出圈模式："爆款"
产品+创作者造势 112
6.4.3 获客到店模式："干货"
内容创作+线上线下联动 113

── PART 07

第七章
知乎运营 **115**

7.1 知乎概述 **116**
7.1.1 知乎的基本介绍 116
7.1.2 知乎的发展历程 116
7.2 知乎的功能与机制 **117**

7.2.1 知乎的主要功能 117
7.2.2 知乎的推荐机制 118
7.2.3 知乎的商业价值 119
7.3 知乎的内容形式与创作 **120**
7.3.1 知识解答 121
7.3.2 经验"种草" 122
7.3.3 小说故事 125
7.4 知乎的运营模式 **127**
7.4.1 常规运营模式：明确定位+
优质输出 127
7.4.2 商业运营模式：官方活动+
用户助力 130

── PART 08

第八章
抖音运营 **135**

8.1 抖音概述 **136**
8.1.1 抖音的基本介绍 136
8.1.2 抖音的发展历程 136
8.1.3 抖音的价值与机遇 137
8.2 抖音的推荐机制 **137**
8.2.1 抖音的主要推荐机制 138
8.2.2 抖音推荐机制的作用 138
8.3 抖音的内容类型及运营 **139**
8.3.1 抖音的内容类型 139
8.3.2 抖音内容创作要点 143
8.4 抖音的运营模式 **144**
8.4.1 常规运营模式：短视频
垂类内容输出+直播变现 145
8.4.2 集群出圈模式：搭建
矩阵账号+持续输出和
互动 145

PART 09

第九章
快手运营 147

9.1 快手概述 148
9.1.1 快手的基本介绍 148
9.1.2 快手的发展历程 148
9.1.3 快手的价值与机遇 150
9.2 快手的功能与机制 151
9.2.1 快手的主要功能 151
9.2.2 快手的推荐机制 153
9.2.3 快手推荐机制的作用 154
9.3 快手的内容与创作 155
9.3.1 快手的主流内容 155
9.3.2 快手的真实性创作 157
9.4 "老铁经济"：快手的私域
运营 158
9.4.1 公域积累 158
9.4.2 私域变现 160

PART 10

第十章
视频号运营 163

10.1 视频号概述 164
10.1.1 视频号的基本介绍 164
10.1.2 视频号的发展历程 164
10.1.3 视频号的优势 165
10.2 视频号的推荐机制 166
10.2.1 视频号的两大推荐机制 166
10.2.2 视频号推荐机制的作用 168

10.3 视频号的内容类型及运营 169
10.3.1 视频号的内容类型 169
10.3.2 视频号内容创作要点 173
10.4 视频号的运营模式 174
10.4.1 常规运营模式：短视频
获客+商业变现 175
10.4.2 微信私域模式：内容
获客+直播转化+企业
微信留存 175
10.4.3 IP分发模式：视频号+
其他短视频平台 176

PART 11

第十一章
哔哩哔哩运营 179

11.1 哔哩哔哩概述 180
11.1.1 哔哩哔哩的基本介绍 180
11.1.2 哔哩哔哩的发展历程 180
11.2 哔哩哔哩的特色与机制 182
11.2.1 哔哩哔哩的三大特点 182
11.2.2 哔哩哔哩的推荐机制 183
11.3 哔哩哔哩的内容类型及运营 184
11.3.1 哔哩哔哩的内容类型 185
11.3.2 哔哩哔哩内容的创作
逻辑 187
11.4 哔哩哔哩的运营模式 189
11.4.1 内容变现模式：内容输出+
内容变现 189
11.4.2 "爆款"出圈模式：创造
"爆款"内容+站内站外
传播 191

PART 01

第一章
新媒体平台概述

学习目标

➤ 了解新媒体平台的主要特征。
➤ 了解主流的新媒体平台有哪些。
➤ 熟悉新媒体平台的运营规则。

素养目标

➤ 理解新媒体平台的全民创作特征，助力数字文化产业发展。
➤ 传播正能量，践行社会主义核心价值观。
➤ 学习新媒体运营规则，维护网络空间清朗有序。

近年来，伴随着互联网的不断发展，各种新媒体平台不断涌现，用户获取信息、进行购物决策、支付下单的途径悄然地发生了变化。越来越多的用户开始选择通过抖音、快手、知乎问答、小红书等新媒体平台获取一手消息，讨论产品功效，进行支付决策。

1.1 新媒体平台的主要特征

与报刊、电视广播、门户网站不同，新媒体平台具有全民创作、全网络覆盖、用户主导、多元发声、注重口碑传播、利于营销闭环、推荐个性化等特征。用户可以通过新媒体平台找到自己想要的答案并进行购买决策，企业及个人也可以依托新媒体平台传播信息甚至实现变现。

1.1.1 全民创作

在报刊盛行的时代，媒体想要接收信息只能依靠读者来信、编辑部邮箱及编辑实地采访，从素材采集到编辑成稿再到内部审校，往往需要一个漫长的反复推敲的过程。创作门槛非常高，刊登的内容一般全部经过精耕细作。

而在新媒体时代，全民皆可创作。无论是学富五车的专家、教授，还是拥有一技之长的匠人，只要有自己擅长的领域和独到的生活经验，都能够在新媒体上进行创作，输出自己的见解。这也让新媒体内容更加多元化。

此外，与只能输出图片和文字的报刊不同，新媒体平台可输出图片、文字、音频、视频等多种形式的内容。其内容呈现形式的丰富度是报刊无法比拟的。

1.1.2 全网络覆盖

新媒体通过互联网进行传播，因此只要是有网络覆盖的地方就能够接收到新媒体平台传递的信息。用户可以通过上网或打开新媒体平台 App，随时随地地翻阅、获取一手消息，不受时间、地点、空间的影响。

报刊通过特定的发行渠道传播，主要依赖物流运输和发行人员的对接。因此，除了几种全国发行的知名报刊之外，大多数报刊依旧聚焦本地化，其报道的一般是当地一两天内所发生的人和事，时效性远不及新媒体平台。

1.1.3 用户主导

电视、广播往往由幕后的编导、记者及相关工作人员决定产出何种内容，此外在正式播出前还会经过多轮审核及校验。话语权往往掌握在权威部门手中。电视、广播能够起到在关键时刻有效引导大众思维、控制舆论导向的作用。

而新媒体平台上产出的内容往往由平台上的创作者所决定，一件事情发生之后，往往很快就会被人公之于众。平台用户可以通过热心网友的现场见闻记录，了解到事情的方方面面。舆论导向往往由平台上的创作者和用户所决定。

1.1.4 多元发声

由于新媒体平台人人皆可创作，因此在事件发生后用户可以看到当事人双方、新闻媒体、独立评论员、广大网友等在不同视角下对事件的看法及态度。用户根据多方声音进行分析、判断，就可以得出自己的结论和观点。

而从电视、广播中，用户往往只能看到编导及相关工作人员所呈现的观点。其他人物在其他视角下的态度和观点往往无法第一时间直接展示出来。

1.1.5 注重口碑传播

门户网站所呈现的内容往往由网站编辑采集，并且由网站权威人士和相关单位进行监督与审核。其内容的真实性、可信性较高，关于热点事件的动态往往都是由相关人员实证之后才会被呈现出来。因此，热点事件曝出后，为了了解事件的真相，很多用户会首先浏览门户网站，看一看经过实证之后，事情是什么样的。

而在新媒体平台，内容往往由用户自发上传，再经过用户的口口相传对事件进行传播。这种传播受到不同用户对事件认知程度和自身视角不同的影响，其中往往夹杂着没有经过实证，甚至是虚假的内容。这就需要用户在阅读时拥有自己的判断力和挖掘力。

1.1.6 利于营销闭环

在新媒体时代，用户从获取产品信息到深度了解产品，再到进行消费决策，最后到实际下单购买，整个购物过程都是在平台内一站式完成的，很多基于单个新媒体平台的站内营销闭环已经趋于成熟。例如，在抖音和快手这类短视频平台上，企业可以利用短视频内容输出和信息流推广进行"产品曝光→利用名人'大 V'账号、评论区、商城评分积攒用户口碑→利用在线直播促成批量成交"。又如，在知乎这类平台上，企业可以在创作完"干货"内容后直接插入相关产品购买链接，引导用户直接进行消费。也正因如此，越来越多的企业意识到了这一点，纷纷布局新媒体平台以搭建自己的销售通路。

而在门户网站上，企业只能通过官方活动或广告位进行企业和产品信息的曝光。用户在阅读完信息之后，往往无法直接下单，而需要跳转到其他 App 上进行下单体验。这样就在无形之中造成了意向客户数量的减少。相对应的是，营销成本也会稍高一些。

1.1.7 推荐个性化

在内容推荐和呈现方面，门户网站的内容往往由网站编辑决定，用户只能在门户网站所呈现的内容当中挑选自己喜欢的内容阅读。门户网站所呈现的内容无法照顾到每一位用户的阅读需求和习惯。

而新媒体平台使用了个性化推荐机制。平台可以通过大数据分析，筛选出每一位用户最喜欢的内容，进而为其量身定制适合的内容。这就在无形之中大大提高了内容与用户需求的匹配度，从而将适合的内容呈现给最喜欢它的人群。这为企业的营销推广提供了极大的便利。

课堂讨论

新媒体平台的几大主要特征中，你对哪些特征的感触较深？请跟同学们分享你的想法。

1.2 主流的新媒体平台

伴随着新媒体平台的不断发展与迭代，越来越多的新媒体平台纷纷登场。各新媒体平台不仅内容呈现形式丰富多样，还在功效方面呈现出了各自不同的功能属性。正因为如此，各新媒体平台之间也呈现出了优势互补的态势，进而作用于企业的全网营销。

运营者应当探究主流的新媒体平台，了解各新媒体平台的优势和互补性以及当下新媒体平台的全局状态，以便有的放矢地进行新媒体平台布局。

1.2.1 新媒体平台的分类

当前主流的新媒体平台共分为 5 类，分别为图文平台、视频平台、音频平台、问答平台、直播平台。

1. 图文平台

图文平台是以文字和图片为主要的传播媒介，适合深度阅读和视觉艺术的展示。这类平台如微博、微信公众号等，允许用户发布文章、图片集，分享观点和信息。图文平台的用户群体通常寻求知识性、教育性或具有深度的内容，运营者可以通过这类平台进行品牌建设、知识分享或艺术展示。

2. 视频平台

视频平台专注于视频内容的分享和观看，如抖音、快手、哔哩哔哩（Bilibili，也称 B 站）等。这类平台支持用户上传和观看短视频、微电影、Vlog 等多种形式的视频内容。视频平台的互动性强，用户可以通过点赞、评论、分享等方式参与互动。视频平台适合娱乐性、创意性内容的传播，也适合进行品牌推广和电商活动。

3. 音频平台

音频平台主要提供音乐、播客、有声书等内容，如网易云音乐、喜马拉雅等。这类平台适合那些喜欢通过声音来获取信息或享受音乐的用户。音频平台的创作者可以是音乐制作人、播客主持人或有声书朗读者，他们通过音频平台分享自己的作品，吸引听众。

4. 问答平台

问答平台如知乎、悟空问答等，专注于问题的解答、知识的分享及观点的交流。用户可以提出问题，其他用户或专家提供答案。问答平台鼓励知识分享和讨论，适合专业人士分享见解、解答疑惑。这类平台的内容通常具有较高的知识价值和实用性，能够吸引寻求特定信息或解决方案的用户。

5. 直播平台

直播平台如抖音、快手、视频号、虎牙直播等，会为用户提供实时视频直播服务。用户可以观看游戏直播、体育赛事、在线教育等内容。直播平台的互动性极强，观众可以实时与主播交流，参与直播活动。这类平台适合实时互动和社区建设，也适合进行品牌活动和产品推广。

常见的新媒体平台类型如表 1-1 所示。

表1-1　常见的新媒体平台类型

类型	相关平台
图文平台	微博、微信公众号、小红书、头条号、百家号、搜狐号、大鱼号、企鹅号等
视频平台	抖音、快手、视频号、哔哩哔哩、秒拍、美拍等
音频平台	网易云音乐、喜马拉雅、荔枝、蜻蜓FM等
问答平台	知乎、百度知道、爱问知识人、搜狗问问、360问答等
直播平台	抖音、快手、视频号、虎牙直播、斗鱼直播、花椒直播等

整体而言，不同类目的新媒体平台各有侧重点，图文平台注重深度和视觉艺术，视频平台强调娱乐性和互动性，音频平台专注于声音内容的分享，问答平台鼓励知识交流和问题解答，直播平台则提供实时互动和社区参与的机会。这些平台的差异性为不同背景和专长的创作者提供了多样化的选择，同时也满足了不同用户群体的特定需求。

值得注意的是，伴随着大众对内容接收程度的更迭以及各新媒体平台之间竞争的加剧，当今的主流新媒体平台格局已经趋于稳定，并形成微博、微信公众号、今日头条、小红书、知乎、抖音、快手、视频号、哔哩哔哩九大主流新媒体平台百花齐放的态势。

1.2.2　认识不同的新媒体平台

虽然新媒体平台对用户的抢夺竞争十分激烈，但依旧有很多新媒体平台始终保持着互相依存的关系，和谐有序地协调发展着。分析当前时代背景下不同新媒体平台的特点和核心价值（即最为突出的优势），更有利于运营者了解各个新媒体平台的用户特征、属性及价值，从而有的放矢地进行新媒体平台布局，提升企业及个人的影响力。

当前，各主流新媒体平台已形成了各自的特点和核心价值。

1. 微博

作为中国领先的社交媒体平台，微博自2009年推出以来，已成为亿万用户获取信息、分享生活、交流观点的重要渠道。微博以其独特的短消息形式，允许用户发布最多140字的文字内容（微博已于2016年取消140字的发布字数限制），同时支持图片、视频和链接的分享，极大地丰富了信息的传播形式。

微博平台的开放性使其成为新闻事件和社会话题的集散地。用户可以实时关注热点新闻、名人动态等，与他人进行互动交流。此外，微博还具有强大的社交网络功能，用户可以通过关注、转发、评论和点赞等方式，与他人建立联系，形成社交网络。

在商业领域，微博为品牌和企业提供了一个展示自身、与消费者互动、进行市场营销的平台。企业可以通过发布产品信息、互动活动、用户反馈等方式，增强品牌影响力，提高用户参与度。

随着移动互联网的普及，微博也在不断优化其移动应用体验，让用户能够随时随地通过手机等移动设备访问微博，享受便捷的社交和信息服务。微博的快速发展不仅改变了人们的信息消费习惯，还对媒体传播、社会交往乃至商业模式产生了深远的影响。

核心价值：一手消息即时传播、优质短篇内容传播。

内容形态：分享硬核短知识，一手热点消息为主。

推荐机制：订阅推荐+社交推荐为主。

展现形式：短文案为主。

变现方式：私域变现为主。

2. 微信公众号

微信公众号是微信平台推出的一项服务，它允许个人、企业和组织创建自己的公众账号，通过这个平台发布信息、提供服务并与用户建立联系。自2012年推出以来，微信公众号已成为中国数字内容生态中不可或缺的一部分。

微信公众号的主要功能包括文章推送、消息互动、服务定制等。运营者可以通过公众号定期向关注用户推送图文消息，分享新闻、教程、观点等内容。用户通过订阅公众号，可以在微信的"订阅号消息"中接收到这些图文消息。

除了内容分享，许多微信公众号还提供各种服务，如在线购物、预约服务、会员管理等。用户可以直接在公众号内完成交易或享受服务，这大大提升了用户体验。

微信公众号还具有强大的数据分析功能。通过微信公众号后台，运营者可以了解到用户的年龄、性别和行为分析等数据，从而优化内容和服务。此外，公众号平台还支持开发各种小程序，进一步拓展服务功能，满足用户的多样化需求。

随着内容创作和电子商务的深度融合，微信公众号已成为品牌营销、知识传播的重要渠道。它不仅改变了人们获取信息和服务的方式，还为内容创作者和商家提供了广阔的发展空间。

核心价值：协同企业品牌传播及个人影响力打造，通过长内容输出、最新动态输出，与粉丝和老客户进行情感维系。

内容形态：分享企业及个人动态，强工作场景。

推荐机制：订阅推荐、熟人推荐为主。

展现形式：长文章为主。

变现方式：私域变现为主。

3. 今日头条

今日头条是一款基于数据挖掘的推荐引擎产品，于2012年推出。它通过先进的算法，为用户提供个性化的新闻资讯和内容推荐服务。用户在今日头条上可以浏览到时事新闻、娱乐八卦、生活知识、科技动态等多种类型的内容。

平台的核心优势在于其智能推荐系统能够根据用户的阅读习惯、兴趣偏好及社交行为等数据，精准推送用户感兴趣的信息。这种个性化的推荐机制极大地提升了用户的阅读体验，使用户能够在短时间内接触到自己感兴趣的高质量内容。

今日头条不仅为用户提供丰富的阅读选择，还为内容创作者提供了展示才华的舞台。平台上汇聚了众多的自媒体作者和机构，他们通过创作原创文章、视频等内容，与广大用户分享知识和见解，同时也可以通过平台获得收益。

随着移动互联网的快速发展，今日头条不断优化其移动应用体验，推出了包括短视频、直播、问答等多种形式的内容，以满足用户多样化的信息消费需求。凭借着精准的个性化推荐、丰富的内容生态和创新的技术应用，今日头条已经在竞争激烈的新媒体平台竞争中占得一席之地。

核心价值：分享观点和见闻。

内容形态：分享观点、见闻为主。

推荐机制：订阅推荐为主。

展现形式：长篇文稿为主。

变现方式：专栏、课程变现为主。

4. 小红书

小红书是一个集社区和电商于一体的生活方式分享平台。自 2013 年推出以来，小红书平台不断地丰富内容、扩展市场，现今已成为年轻用户群体中具备较强影响力的社交电商平台。它以"发现美好生活"为口号，鼓励用户分享购物、旅行、美食、美妆等方面的笔记和心得。

小红书的核心特色在于其社区属性，用户可以发布图文、短视频、直播等多种形式的内容，分享个人的生活经验和消费体验。平台的推荐算法能够根据用户的兴趣和行为习惯推送个性化的内容，使用户能够发现并接触到更多新鲜、有趣的生活方式。

此外，小红书还拥有庞大的电商功能，用户在浏览笔记时，可以直接点击笔记中的商品链接进行购买。这种从"种草"（即推荐事物给其他人，使其他人对其感兴趣或喜欢）到"拔草"（即接受他人推荐的商品，并下单购买）的无缝购物体验，极大地方便了用户，也使小红书成为品牌和商家进行商品推广和销售的重要渠道。

小红书的用户群体以年轻女性为主，但随着平台内容的多元化发展，越来越多的男性用户和其他年龄段的女性用户也开始加入这个社区。小红书通过举办各种线上线下活动，增强社区的互动性和凝聚力，形成了一种充满活力和创造力的社区文化。随着小红书在内容生态和电商领域的不断深耕，它已经成为连接用户、品牌和商家的重要新媒体平台之一。

核心价值："干货""种草"、真实体验展示、真实口碑传播、搜索获客。

内容形态：分享生活、"种草"为主。

推荐机制：搜索推荐+个性化推荐。

展现形式：图片、文字、视频混合。

变现方式：直播变现、私域变现为主。

5. 知乎

知乎是我国领先的问答式在线社区平台，创立于 2011 年，以"分享知识、经验和见解"为使命，致力于构建一个高质量的知识分享社区。知乎聚集了来自不同领域的专业人士、行业领袖以及广大的知识爱好者，他们在这里提出问题、分享见解、交流思想。

知乎的核心功能是问答，用户可以就自己感兴趣的话题提问，其他用户则可以根据自己的专业知识或经验给出回答。这些回答经过用户的投票，高质量的内容会得到更多的曝光和认可。知乎鼓励用户提供翔实、有深度的回答，平台也因此形成了一种重视知识分享和专业讨论的社区文化。

除了问答，知乎还提供了专栏、圆桌、直播等多种形式的内容发布和互动方式。专栏允许用户发表文章，分享更系统的知识或观点；圆桌则是围绕特定主题的讨论区，聚集了对该话题感兴趣的用户；直播功能则为用户提供了实时互动的平台。

知乎的用户群体非常广泛，从学生到专业人士，从普通爱好者到行业大咖，他们都能在知乎上找到自己的定位。知乎的内容覆盖了科技、教育、文化、生活等多个领域，满足了不同用户的知识需求。

随着知乎平台的不断发展壮大，它已经成为中国互联网领域内重要的知识分享和交流平台，对促进知识的传播、提高公众的知识水平、推动社会的进步发挥了积极作用。

核心价值：解答用户在现实中遇到的问题、传递硬核"干货"知识。

内容形态：分享知识、硬核"干货"为主。

推荐机制：搜索推荐+个性化推荐+热榜推荐。

展现形式：图片、文字为主。

变现方式：内容变现、"带货"变现为主。

6. 抖音

抖音是一个短视频社交平台，自 2016 年上线以来，迅速在国内乃至全球范围内获得了巨大的用户基础和影响力。抖音平台以用户生成内容（User Generated Content，UGC）为核心，支持用户创作和分享 15 秒至几分钟不等的短视频。

抖音的短视频内容丰富多样，涵盖音乐、舞蹈、美食、旅行、时尚、教育等多个领域。用户可以通过抖音发现和创造有趣的内容，并通过点赞、评论和分享与他人互动。平台的推荐算法根据用户的兴趣和互动行为，个性化推送内容，使用户能够持续接触到自己感兴趣的新鲜有趣的视频。

抖音不仅是一个娱乐平台，它还具有强大的社交功能和商业潜力。许多品牌和商家通过抖音进行产品宣传和营销活动。同时，抖音也为内容创作者提供了变现的机会，通过广告分成、品牌合作、直播"带货"等方式实现收益。不论是个人还是企业、品牌，均可以在抖音上用短视频的高传播性和视觉冲击力吸引用户，用直播的实时性和互动性转化用户。

抖音的国际版名为 TikTok，它在全球范围内同样取得了较大成功，成为年轻用户群体中最受欢迎的社交媒体平台之一。TikTok 的流行反映了短视频内容在全球范围内的普及趋势，以及跨文化交流的活跃性。

凭借着创新的内容形式、强大的社交属性和商业价值，抖音已经成为数字时代下最具影响力的社交媒体平台之一，对年轻一代的生活方式和消费习惯产生了深远的影响。

核心价值：泛娱乐、音乐文化社区。

内容形态：分享生活趣事，娱乐为主。

推荐机制：注重培养头部关键意见领袖（Key Opinion Leader，KOL）+流量池叠加推荐+个性化推荐。

展现形式：短视频。

变现方式：直播变现为主。

7. 快手

快手是北京快手科技有限公司旗下的产品。其前身为"GIF 快手"，上线于 2011 年 3 月，最初是一款用来制作、分享 GIF 图片的手机应用。后来随着发展战略的改变，其逐渐转型成一个用户可自主分享生活见闻的短视频内容创作社区。

快手鼓励用户通过短视频记录和分享日常生活，内容覆盖美食、旅游、时尚、教育、娱乐等多个领域。用户可以创作原创视频，也可以通过快手的编辑工具进行二次创作，展现个性和创意。快手的界面设计简洁直观，易于用户上手操作。

　　快手与抖音类似，也是一个用户活跃度较高的互动平台，用户可以通过点赞、评论、分享等方式与视频创作者或直播间主播进行互动，并加入"粉丝团"，形成有黏性的社群。快手在商业化方面取得了显著成就，为内容创作者和商家提供了多种变现途径。通过广告植入、电商合作、直播打赏等方式，快手帮助创作者实现内容的商业价值。

　　随着平台的不断发展，快手也在积极探索国际化战略，通过推出国际版 Kwai 等产品，吸引全球用户。快手的成功不仅在于其强大的用户基础和丰富的内容生态，更在于其对社区文化的培育和对创新技术的运用。

　　核心价值：泛娱乐平台，分享生活见闻。

　　内容形态：分享生活趣事，娱乐为主。

　　推荐机制：注重培养头部 KOL+流量池叠加推荐+个性化推荐。

　　展现形式：短视频。

　　变现方式：直播变现为主。

8. 视频号

　　视频号是腾讯公司推出的短视频内容分享平台，它与微信这个庞大的社交网络紧密集成，允许用户创作、分享和观看短视频内容。自 2020 年推出以来，视频号迅速成为微信生态中的重要组成部分，为用户提供了一个展示自我、分享生活的新平台。

　　视频号支持用户上传时长灵活的短视频，内容形式多样，包括但不限于日常生活记录、知识分享、娱乐搞笑等类型。视频号的社交属性也很明显，它允许用户在视频下方留言互动、点赞和分享，这不仅增加了视频内容的曝光率，还促进了用户之间的交流和社区的形成。视频号与微信的其他功能如朋友圈、公众号等紧密相连，形成了一个互动性强、内容丰富的社交网络。

　　在商业化方面，视频号为内容创作者和商家提供了变现的机会。通过广告分成、品牌合作、商品销售等多种方式，视频号帮助创作者和商家实现收益，同时也为用户提供了更加丰富的内容和更好的观看体验。

　　随着功能的不断完善和用户基数的增长，视频号已经成为我国短视频领域的重要竞争者之一，其依托微信庞大的用户基础和社交网络，展现出强大的市场潜力和影响力。

　　核心价值：熟人关系社交。

　　内容形态：偏工作场景。

　　推荐机制：社交推荐+个性推荐。

　　展现形式：视频。

　　变现方式：直播变现为主。

9. 哔哩哔哩

　　哔哩哔哩是热门的年轻人文化社区和视频分享平台，成立于 2009 年。它以二次元文化起家，逐渐发展成为一个涵盖广泛内容的综合性视频平台。哔哩哔哩以其独特的"弹幕"（指在网络上观看视频时弹出的评论性字幕）文化和社区氛围，吸引了大量年轻用户，尤其是"Z世代"（指出生于 1995 年至 2010 年的一代人）。

哔哩哔哩的内容非常丰富，包括动画、游戏、音乐、舞蹈、科技、生活、娱乐等多个领域。与其他视频平台一样，用户可以上传和分享原创视频，也可以观看其他用户上传的内容。同时，哔哩哔哩的弹幕功能是其一大特色，用户可以在视频播放时发送实时评论，这些评论会以弹幕的形式出现在视频上，增加了观看的互动性和趣味性。

除了视频分享，哔哩哔哩还提供了直播、漫画、电影、番剧等多种服务，满足不同用户的需求。哔哩哔哩的社区氛围鼓励用户参与互动，用户可以通过点赞、投币、收藏、评论等方式表达对视频的喜爱和支持。

哔哩哔哩在商业化方面也取得了显著成就，通过广告、游戏联合运营、会员服务、电商等多种方式实现盈利。同时，哔哩哔哩还为内容创作者提供了变现的机会，通过激励计划、广告分成等方式，鼓励用户创作高质量的内容。

随着哔哩哔哩的不断发展壮大，它已经成为中国互联网领域内重要的文化社区和视频平台之一，对推动年轻一代的文化消费和内容创作发挥了积极作用。

核心机制：同好传播、基于亚文化的圈层传播、知识分享。

内容形态：文化社区为主。

推荐机制：订阅推荐+圈层文化传播为主。

展现形式：视频。

变现方式：私域流量变现为主。

课堂讨论

本节所提到的各类新媒体平台，你的手机上下载了哪些？

你平时最常用的是哪几个新媒体平台？说说你的理由和使用体验。

1.3 在新媒体平台获取收益的方式

很多企业和个人在各大新媒体平台积极输出优质内容的重要原因之一，就是为了实现收益。所以，为了鼓励更多的优质内容产出，各大新媒体平台也在为平台上的内容创作者持续地打造良好的变现环境，提供更多的变现通道。企业和个人都可以在新媒体平台找到适合的变现方式。

1.3.1 企业：品牌宣传及产品销售

企业可以通过新媒体平台进行品牌及产品的宣传，扩大知名度及影响力，带动产品在线下的销量，也可以直接在平台上销售产品。

例如，2017年成立的美妆新品牌完美日记，通过在各大新媒体平台的精准营销，在年轻的女性用户群体中迅速地扩大知名度。之后，完美日记在淘宝等线上电商平台开设门店销售产品，并同时布局线下，在全国100多个城市开设了实体店铺。仅仅用了不到4年的时间，完美日记就成了国内最具影响力的美妆品牌之一。

完美日记可以获得如此快速的发展，主要得益于该企业有效的新媒体营销推广。企业在新媒体平台上进行营销推广，可以获得以下3个优势。

1. 更精准的用户群体

传统媒体是单向地向用户输出信息，较难获取到用户的阅读情况及反馈意见，所以一般无法将用户精准地细分，也很难做到有针对性地向某类细分用户投放广告。

但在新媒体平台，企业可以通过很多种方式找到目标用户。例如，借助新媒体平台对用户行为的分析结果，企业可以在平台后台轻松筛选出目标用户群体，也可以在各大新媒体平台上找到一些受目标用户关注和喜爱的新媒体账号，并通过付费的方式在这些账号上发布其品牌及产品的相关内容，推送给目标用户观看。

在微博、抖音、小红书等新媒体平台搜索关键词"完美日记"，就可以看到很多美妆博主发布过产品宣传的相关内容。图 1-1 所示为小红书上的完美日记广告宣传笔记。

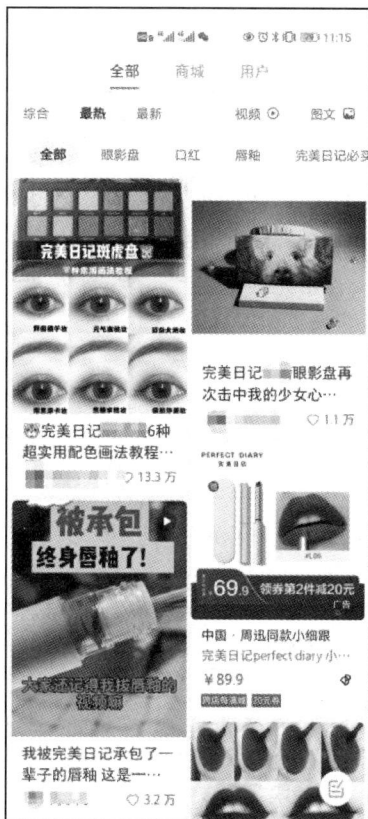

图 1-1　完美日记广告宣传笔记

2. 多元化的内容

相较于生硬的广告，用户一般更愿意观看带有娱乐或科普性质的内容。企业可以在新媒体平台注册账号或者与相关领域的内容创作者合作，创作和发布一些软文广告植入内容，让用户更容易关注和接纳。

完美日记在进行产品宣传时，尝试发布了美妆教程及产品测评等类型的软文广告，用户对这样的内容接受度更高，带来了很好的营销效果。例如，完美日记在其抖音官方账号上发布的一条唇釉测评的视频，就获得了高达 70.9 万的点赞量，如图 1-2 所示。

图 1-2　完美日记唇釉测评视频

3．多平台大量推广

作为一个 2017 年才出现的新品牌，完美日记快速获得了较高的知名度，这主要是因为相较于电视、报纸等传统媒体上的广告投放，在新媒体平台制作及发布广告宣传内容的成本更低，企业可以更高频地发布广告信息，在多个平台大量进行推广。

完美日记通过高频率、多元化的内容输出，让用户频繁看到其品牌及产品的相关信息，快速建立起对品牌的认知。

1.3.2　内容创作者：广告植入、电商"带货"

在新媒体平台，每个普通的用户都有发布及传播信息的机会，这吸引了众多的普通用户成为内容创作者。他们在新媒体平台输出优质的内容，获得其他用户的关注。在拥有了一定数量的粉丝后，内容创作者发布的信息就会被更多的用户看到，这就为内容创作者提供了获取收益的机会。

广告植入及电商"带货"是内容创作者在新媒体平台获取收益的重要途径。

1．广告植入

广告植入是指内容创作者与有品牌或产品宣传需求的企业合作，在发布的内容中植入广告信息并向企业收取一定的推广费用的推广方式。推广费用的高低一般与多个因素有关，如内容创作者的粉丝数量、粉丝的精准度、所处的行业及广告内容的制作难度等。

通过这样的合作方式，企业可以通过内容创作者的影响力让产品被更多的用户所熟知及认可，这也为内容创作者提供了很好的变现机会。一些新媒体平台为了鼓励内容创作者生产出更多优质的内容，也会为促成企业和内容创作者之间的合作提供便利。

　　例如，巨量星图是抖音为优质内容创作者及有广告投放需求的企业创建的一站式服务平台。内容创作者可以入驻巨量星图平台并发布合作报价，企业也可以在巨量星图挑选合适的内容创作者进行广告投放。图 1-3 所示为巨量星图小程序首页。

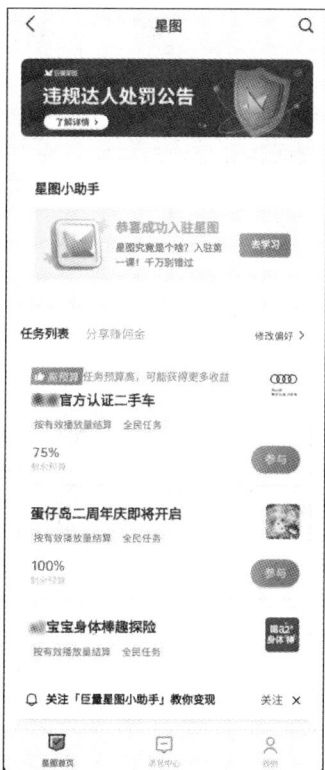

图 1-3　巨量星图小程序首页

2. 电商"带货"

　　内容创作者也可以通过电商"带货"的方式获取收益。目前，部分新媒体平台支持内容创作者在平台内进行电商"带货"。例如，知乎在平台内推出了好物推荐功能，知乎平台的内容创作者在达到一定的条件后就可以开通该项功能，之后就能够在回答、文章、视频、直播、橱窗中，通过插入商品卡片，向知乎平台的其他用户分享购物经验，推荐商品赚取佣金。图 1-4 所示为知乎好物推荐页面。

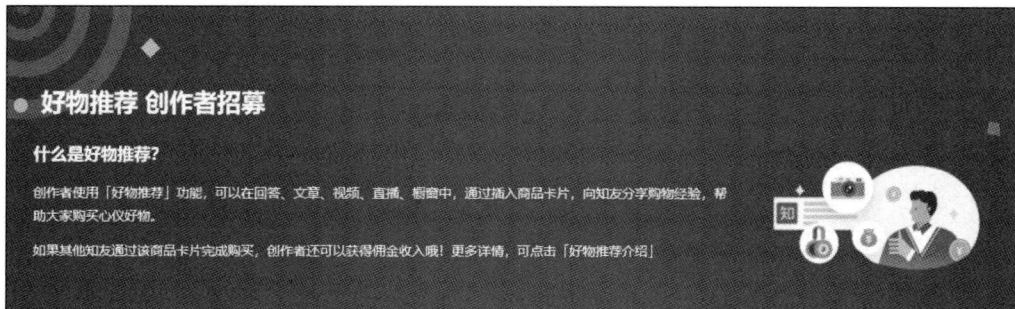

图 1-4　知乎好物推荐页面

1.3.3 MCN：实现商业的稳定变现

MCN 的英文全称是 Multi-Channel Network，可以直译为多频道网络。它是一种多频道网络的产品形态和新的网红经济运作模式。MCN 机构会签约一些有潜力的内容创作者，并对其进行包装及培养，为内容创作者提供内容制作、运营、推广等一系列的服务，并最终实现商业变现。

由于新媒体快速发展，优质的内容不断涌现，用户对内容的要求也不断提高，没有团队的内容创作者凭借个人力量较难实现稳定、高质量的内容产出。并且，想在新媒体平台具有竞争力，吸引到大量粉丝关注，内容创作者除了要具备内容创作能力，还要具备平台运营能力、项目管理能力等多项综合能力。MCN 机构拥有专业的运营团队，能承担更为专业的运营工作。

例如，洋葱视频是一家成立于 2016 年的 MCN 机构，在抖音平台孵化出了"七舅脑爷""代古拉 k""孟婆十九"等多个百万甚至千万粉丝级别的账号，如图 1-5 所示。

图 1-5　MCN 机构孵化出的多个抖音账号

这些账号的视频内容的制作都很精良，并且更新频率都比较稳定，所以和多数由个人运营的同类账号相比更具优势。在账号有了粉丝以后，后续需要进行商业变现时，MCN 机构在供应链选品、合作商洽谈等环节也相对更专业，更容易实现稳定的商业变现。

1.3.4 其他变现方式

除上述的 3 种重要的变现方式外，企业及个人也可以在不同的新媒体平台找到一些其他的变现途径。

1. 内容付费

内容付费是指内容创作者或新媒体平台向用户提供文字、音频、视频等内容产品，用户需要支付一定的费用后才可以观看相应的内容。随着互联网用户版权意识的逐渐加深，越来越多的用户愿意为优质的内容付费。

用户对需要付费才能观看的内容会有更高的质量要求，所以早期用户主要是为影视剧、图书、音乐作品等通过了相关机构审核，已在市面上发行的优质内容付费。随着新媒体的发展，一些在不同领域有一定影响力的 KOL 开始在各大新媒体平台发布需要付费观看的内容，用户基于对 KOL 的信任，也开始愿意为这些内容支付费用。

例如，经济学者薛兆丰在得到 App 上发布了音频类内容《薛兆丰的经济学课》，用户需要支付 399 元（早期为 249 元）才可以收听全部音频，截至 2024 年 5 月底，已经有 61 万多名用户付费学习这门课程，如图 1-6 所示。

图 1-6　众多用户付费学习课程

现在，一些新媒体平台甚至为普通的用户也提供了通过内容付费实现收益的机会。例如，微信公众号会为某些符合要求的运营者开通内容付费阅读功能，运营者可以将文章设置为付费后才可阅读全文，如图 1-7 所示。

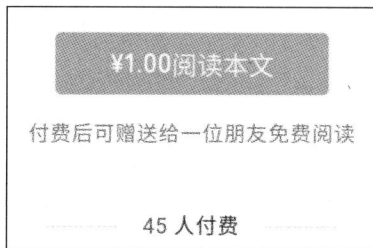

图 1-7　用户付费后才可阅读全文

2. 平台奖励

新媒体平台作为信息的载体，需要通过优质的内容为用户提供价值。因此，很多新媒体平台，特别是内容型的新媒体平台都希望内容创作者多在平台上发布优质的内容，有的平台会推出一些奖励政策，对在平台发布优质内容的创作者给予一定的现金奖励。

例如，作为知识管理与分享的内容型新媒体平台，个人图书馆针对平台上的优质原创内容推出了现金奖励政策，内容创作者通过在平台发布内容，就有机会获得平台的奖励，如图 1-8 所示。

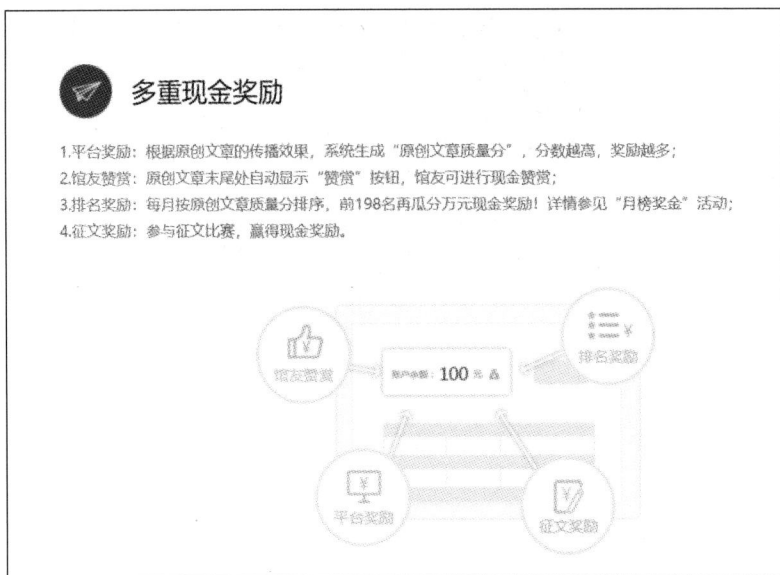

图 1-8　个人图书馆的现金奖励政策

内容创作者通过平台奖励获取收益的门槛并不高，不需要在平台上有很多的粉丝，只要能稳定地输出优质的内容，就有机会获得平台奖励。

此外，为了增强内容的可看性及提高平台用户的活跃度，一些新媒体平台会根据自身的定位及当下的热点对平台上的内容进行布局，调整不同类型的内容在平台的比例。因此，有的平台会推出一些主题创作活动，内容创作者按照活动要求发布内容后，除了获得现金奖励外还有机会在平台获得流量奖励，这可能会对账号"涨粉"产生帮助。

3. 私域流量变现

私域流量是一个相对于公域流量而存在的概念。抖音、小红书、微博等新媒体平台上的用户量虽然很庞大，但通常情况下运营者无法在任意时间内，任意频次地触达平台上的用户。例如，在小红书平台，运营者给自己的粉丝大批量发送私信时会受到平台的管制，平台对运营者发送私信的频次、发送的人数及私信的内容都有限制。

这些平台上的用户就是公域流量。与之相反的，运营者可以在任意时间内，任意频次地触达的用户，就是私域流量。例如，被添加到个人微信号、企业微信号上的用户就是运营者的私域流量，运营者可以更少受限制地触达他们。一些运营者会把公域流量池中的用户"引流"到自己的私域流量池中，再在私域流量池中完成变现。

> **课堂讨论**
>
> 　　你听说过哪些人通过新媒体平台实现了变现？他们是通过什么方式实现变现的？

1.4　新媒体平台的运营规则

虽然新媒体平台是人人皆可进行创作的平台，但不是法外之地。有些创作者由于不了解新媒体平台的规则红线，导致辛苦耕耘的账号被封禁。通过学习、了解新媒体平台运营时的规则红线，运营者可以在实际操作时进行规避，减少新媒体账号违规的风险。

1.4.1　新媒体运营的行为规范

运营者在各新媒体平台发布内容、运营账号时，一定要注意遵守平台的相关规范，如此才有机会得到平台的推广，使账号良性、健康地发展。反之，如果运营者无视平台规范，发布挑战平台底线的违规内容，或者发起平台禁止的运营动作，则容易导致账号与内容被平台警告、限流甚至是封号。

各家新媒体平台的内容创作规范大同小异，主要包含以下几点。

1. 切忌传播不实消息

很多用户为了博得眼球、吸引粉丝，会发布一些夸大事实或道听途说的消息。其实，这是不被平台所允许的。现如今，网络警察已经能够通过账号 IP 直接锁定创作者。一旦不实消息造成广泛传播和负面影响，不仅平台会封禁账号，严重者还会涉及法律责任。

2. 切忌滥用产品功能

伴随着新媒体平台的不断发展，新媒体代运营公司也同样发展迅猛，这就破坏了新媒体平台在创作上的公平性。因此，为了防止营销号恶意在平台内发布低质量内容，很多平台会定期监测账号的登录时长、同一互联网协议（Internet Protocol，IP）或同一设备下是否经常有多个账号频繁切换登录的现象。一旦在产品功能操作方面疑似营销号，平台会给予一定的限制和管控。

3. 避开违禁内容

违禁内容包括违反法律法规的内容、违反社会主义核心价值观的内容、传播封建迷信思想的内容等。账号若发布违禁内容，一经发现，就会被平台处罚或被封禁账号。

4. 切忌盲目引流"转粉"

要知道新媒体平台之间是互相竞争的关系，谁也不想把辛苦经营来的用户拱手让人。更何况，用户就是新媒体平台赖以生存的根本。因此，新媒体平台大多不允许创作者通过直接发布图片、微信号、电话号、链接等形式私自引流"转粉"到站外。

5. 切忌抄袭搬运

新媒体平台对于抄袭和搬运类内容限制得非常严格。有些平台甚至上线了全网原创内容监测和检测系统，一旦发现网络上有疑似抄袭创作者原创内容的，会在第一时间发出提醒。

6. 切忌数据造假

有些创作者在运营新媒体平台时，找第三方数据公司为账号刷一些粉丝和评论，其实这是错误的行为。一旦一个账号在短时间内过于密集地"涨粉"、涨阅读量，那么就会被平台判定为数据造假，进而影响账号正常的内容推荐，严重者账号还会被降低权重。

7. 规避限制词使用

很多广告用语和限制词在新媒体平台也同样是不允许使用的，一旦在创作过程中无意间用到，就会影响账号正常的内容推荐流量。因此，在进行新媒体平台运营时，创作者一定要格外注意规避限制词的使用。

8. 不要进行非平台允许的营销行为

每个新媒体平台都会提供正规的品牌曝光和产品宣传途径，除此之外平台一般不允许创作者私自发送具有强营销性质的内容。一旦发现创作者私自进行营销行为，平台就会给予一定的处罚，甚至会进行封号处理。因此，在运营新媒体平台时，创作者一定要留意，输出的内容营销性质不要太浓，要以"干货"和知识分享为主。

9. 不要发布容易诱发不适的内容

有些人为了"吸粉"和猎奇，会拍一些比较罕见的场面。例如，有一些研究人员或医学院学生，会基于科学研究的目的无意间发布一些研究作品和实拍。但是，对于他人来讲，有些血腥的场面的确会引起不适。针对于此，很多新媒体平台重拳出击，全线屏蔽了相关内容。一旦发现违规，就会给予一定的处罚。

1.4.2 新媒体运营过程中的权益维护

新媒体运营者在进行平台账号与内容运营时，可能会遇到以下几种侵权的现象。

1. 内容抄袭

内容抄袭是指未经原创作者许可，直接复制或稍作修改后发布他人作品的行为。例如，某新媒体运营者发布了一篇关于健康饮食的文章，抄袭者复制了这篇文章的大部分内容，仅对部分词汇或句子进行替换或重写，然后以自己的名义发布在其他平台上。这种行为不仅侵犯了原创作者的版权，还可能误导用户，损害原创作者的信誉和利益。

2. 账号盗用

账号盗用是指他人通过非法手段获取账号信息，如通过钓鱼网站、木马程序等手段破解密码，进而冒用原账号发布内容或进行其他非法活动。例如，一个知名的微博账号被黑客攻击，账号密码被破解后，黑客可能会发布虚假广告或不当言论，严重损害原账号所有者的声誉。

3. 名誉侵权

名誉侵权是指通过发布不实信息、恶意评论等方式损害个人或机构声誉的行为。例如，有人故意在网上散布关于某新媒体账号或账号运营者的负面信息，如虚假的产品问题、服务问题等，这些不实信息可能会对账号及账号背后的运营团队造成严重的负面影响，降低粉丝对账号的信任度。

4. 数据造假

数据造假是指通过不正当手段虚构或夸大数据，误导用户和平台的行为。例如，一些电商平台上的商家为了提高销量和排名，雇佣"刷单"团队进行虚假交易，制造虚假的高销量和好评，误导消费者。这种行为不仅违反了平台规则，还破坏了市场的公平竞争环境。

面对侵权现象时，运营者一定要及时做出反应，维护自身权益，避免造成重大损失。具体来说，运营者可以参考以下处理方式。

1. 收集证据

在发现被侵权时，运营者应立即截图或录屏保存证据，包括侵权内容、发布时间、账号信息等。如果可能，使用第三方证据保全工具或服务。

2. 快速响应

运营者可以通过私信或公开评论的方式联系侵权者，要求其删除侵权内容，并保留沟通记录作为证据。

3. 利用平台举报功能

各新媒体平台通常都提供了便捷的举报功能。运营者要熟悉并利用这些功能，快速举报侵权内容，等待平台的处理结果。例如，运营者可以拨打平台官方客服电话，进行人工投诉。

4. 公开曝光

运营者可以在适当的范围内，通过自己的新媒体账号公开曝光侵权行为，提高用户对侵权问题的关注，有时也能迫使侵权者主动删除侵权内容。

5. 通过法律途径解决

对于严重的侵权行为，运营者可以考虑通过法律途径解决。咨询专业律师，根据律师的建议，选择发律师函、提起民事诉讼等。

6. 加强账号安全

对于账号盗用问题，运营者除了定期更换密码、开启两步验证外，还可以设置登录提醒，一旦发现异常登录，立即采取措施。

> **课堂讨论**
>
> 　　你发现自己撰写和发布的新媒体文章，在未经你允许的情况下，被他人转载，并且没有注明文章的出处。面对这种情况，你会如何处理？

思考与练习

① 新媒体平台的主要特征有哪些？

② 当前新媒体平台的主要分类有哪些？

③ 通过新媒体平台获取收益的方式有哪些？

④ 在做新媒体运营时，运营者应该遵守哪些新媒体平台运营规范？

PART 02

第二章
新媒体平台运营关键步骤

学习目标

➤ 了解新媒体平台运营逻辑。

➤ 掌握新媒体平台运营各关键步骤的基本操作方法。

➤ 能够自主创建新媒体账号并运营。

素养目标

➤ 响应数字中国战略，助力信息传播与创新。

➤ 践行高质量发展理念，塑造良好网络形象。

➤ 响应文化产业繁荣战略，提高新媒体内容质量。

与做其他工作一样，新媒体平台的运营也需要遵循一定的规律。掌握科学、系统的新媒体平台运营方法，能够帮助运营者更高效地完成运营工作。本章将详细讲述、剖析新媒体平台运营的各个关键步骤。

2.1　明确账号定位

明确账号定位是新媒体平台运营的根基，运营者可以从分析竞品账号、挖掘擅长点、增强辨识度、明确运营目的等多个维度着手。选对方向，运营者才能快速聚拢意向客户、少走弯路、迅速抢占商机。

2.1.1　分析竞品账号

账号所属领域或多或少都有优质的竞品账号，通过对竞品账号的分析，运营者可以学习优质账号的优点，并及时调整自己的账号定位和运营方向。运营者可以从以下几个方面对竞品账号进行分析。

1. 定位和目标用户

运营者可以从这几个方面深入分析竞品账号的市场定位。

① 所传达的品牌形象。

② 核心价值观。

③ 对自己独特卖点的定义。

同时，运营者还需要从以下几个方面识别竞品账号的目标用户。

① 用户的年龄。

② 用户的性别。

③ 用户的兴趣。

④ 用户的消费习惯。

通过这些信息，运营者可以评估竞品账号吸引和服务目标用户的方法，并从中汲取灵感，将有效的方法应用到自己的账号运营中。

2. 内容类型和风格

运营者需要细致研究竞品账号的内容类型和风格，研究内容主要包括以下几个方面。

① 内容格式（如文章、视频、图像等）。

② 主题选择。

③ 语言风格。

④ 视觉设计。

运营者需要分析竞品账号如何通过这些元素来吸引用户，以及它们在不同新媒体平台上的表现和用户反响。根据这些分析结果，调整自己的内容策略，确保内容既具有吸引力又能在各个平台上获得良好的表现。例如，如果发现竞品账号的视频内容在抖音上特别受欢迎，运营者可以考虑制作类似的视频内容，并在风格上进行差异化，以吸引目标用户。

3. 粉丝互动和用户参与度

粉丝互动和用户参与度是衡量账号成功的重要指标。对竞品账号与粉丝互动情况的观察角度包括以下几个方面。

① 如何回应粉丝的评论。

② 如何激发粉丝的参与热情。

③ 采用了哪些互动形式（如问答、投票、挑战等）。

通过分析这些互动策略的效果，运营者可以学习如何在自己的账号中建立有效的粉丝互动机制，提升用户参与度。例如，如果竞品账号通过定期举办在线问答活动来增加粉丝互动，那么运营者可以采取类似的策略，并加入自己的创新元素，如主题讨论或粉丝作品展示。

4. 内容发布时间和频率

运营者需要分析竞品账号的发布模式，包括其选择的发布时间段、发布频率以及这些因素如何影响用户的反应和互动。通过这些分析，运营者可以确定最佳的发布时间，并制订合理的发布计划，使内容的影响力最大化。例如，数据显示竞品账号在工作日的早晨发布内容能获得更多互动，那么运营者可以考虑在这个时间段发布自己的内容。

5. 用户反馈和评论

运营者应仔细研究竞品账号下的用户评论，了解用户对内容的评价、喜好以及不满之处。根据这些信息运营者可以洞察竞品账号的优势和不足，从而在自己的账号运营中避免类似的问题，并强化优势方面。例如，如果用户评论显示竞品账号的某个系列内容特别受欢迎，那么运营者可以考虑在自己的内容中融入类似的主题或元素。

6. 数据分析

数据分析工具提供了评估竞品账号表现的量化方法。运营者应利用这些工具来跟踪竞品账号的关键数据，关键数据包括以下几个。

① 粉丝增长率。

② 内容传播度。

③ 用户留存率。

通过分析这些数据，运营者可以了解竞品账号的整体表现和发展趋势，为自己的运营决策提供数据支持。例如，如果分析显示竞品账号的粉丝增长率在某个特定时期有显著提高，运营者可以研究这一时期竞品账号的策略变化，并考虑在自己的账号运营中实施类似的改进措施。

通过以上分析，运营者可以对不同的竞品账号进行深入了解，找到其优势和劣势，进而寻找自己的差异化点和创新方向；可以借鉴竞品账号的成功经验，调整自己的运营策略和内容创作方式，以取得更好的效果。

2.1.2 挖掘擅长点

在新媒体平台账号运营过程中，挖掘并确定擅长点是至关重要的一步，这不仅能够帮助运营者在竞争激烈的新媒体环境中脱颖而出，还能确保内容的质量和吸引力。

挖掘擅长点的方法如下。

1. 自有账号定位

很多新媒体账号的运营者本身就是账号的内容创作者。有的运营者还是企业或品牌运营团队的一员。

对于第一类运营者而言,他们需要对自身进行深入的自我评估,这包括评估自己的兴趣、专长、技能和知识背景。运营者可以列出自己的技能清单,回顾过去成功的项目或活动,以及思考在哪些领域自己能够提供独到的见解或内容。例如,运营者对摄影有热情并具备专业技能,就可以专注于分享摄影技巧、设备评测或摄影作品展示。

对于第二类运营者而言,企业或品牌的产品的内容及属性是明确的,与运营者本身的兴趣和优势无关,因此,运营者需要挖掘企业或品牌的产品与竞品的差异点,为企业或品牌设置独特的标签,为产品设计令人印象深刻的卖点。

2. 内容测试与数据分析

运营者可以通过发布内容并收集数据来测试不同内容的表现。数据收集工具包括新媒体平台自带的分析功能以及各种第三方数据分析工具。跟踪和分析的内容包括内容的观看量、点赞数、分享数和评论等数据。这些数据能够揭示哪些类型的内容更受欢迎,哪些内容策略需要调整。例如,数据显示教育类视频的参与度特别高,那么运营者可以以此为基本赛道,加大在这一领域的内容投入。

3. 建立并维护社群

运营者可以围绕擅长点建立社群,举办线上论坛、创建新媒体粉丝团或开展线下聚会。社群不仅能够帮助运营者更直接地了解用户的需求和反馈,还能增强用户的忠诚度和参与感。通过社群的互动,运营者可以收集宝贵的一手信息,以指导账号优质内容的创作和运营策略的调整。例如,旅行账号的运营者可以建立旅行爱好者社群,分享旅行故事,获取旅行目的地的推荐,从而丰富内容并增强社群的凝聚力。

4. 持续学习和专业发展

新媒体环境快速变化,运营者需要不断学习新知识、新技能,以保持在所选领域的专业性和竞争力。学习方式包括参加行业研讨会、学习在线课程、阅读专业书籍等。持续的专业发展有助于运营者在内容创作上保持领先,夯实自己所擅长领域或企业所定位赛道的专业能力。例如,科技领域的账号运营者需要不断更新对最新科技趋势的理解,以保持内容的前沿性和吸引力。

5. 反馈循环与策略优化

运营者应该建立一个反馈循环机制,不断收集内外部反馈,并根据这些反馈优化内容策略。这包括对已发布内容的表现进行定期评估,对社群成员的意见进行分析,以及对市场变化保持敏感。通过这种持续的反馈和优化过程,运营者可以确保内容始终符合用户的期望,并及时调整方向以应对市场的变化。如果用户反馈表明对某种类型的内容不再感兴趣,运营者可以探索新的内容形式或话题,以重新吸引用户的注意。

2.1.3 增强辨识度

运营者在挖掘自身擅长点、选好账号的主要内容输出方向后,还需继续思考自己的擅长点与其他人有何差异,尽可能输出与众不同、有辨识度的内容,使用户在信息爆炸的网络世界中迅速识别并记住账号或品牌。

增强辨识度的方法主要有以下几种。

1．明确差异化特色

运营者需要深入挖掘自身的独特性，找出与同类账号的明显差异。这可以是基于个人背景、专业知识、风格特点或任何独特的个人经历。例如，一个美食博主有在国外生活的经历，他可以专注于介绍融合了国际元素的美食，这样的差异化特色能够快速吸引用户的注意力。

2．塑造独特视觉风格

视觉元素是增强辨识度的关键。运营者应该考虑创建一致的视觉风格，包括特定的色彩方案、字体选择、图像编辑风格或视频拍摄手法。这种一致性可以帮助用户在浏览内容时迅速识别出你的品牌。例如，使用特定的滤镜或动画效果，可以使视频内容在视觉上与其他账号区分开来。

3．打造个性化语言风格

语言和表达方式也是增强辨识度的重要方面。运营者应该发展一种独特的语言风格，无论是幽默诙谐、严肃专业还是亲切随和，语言风格都应该与个人品牌定位和目标用户的喜好相匹配。例如，使用特定的口号或标志性语言，可以帮助用户记住你的账号。

4．创造记忆点

运营者可以通过创造独特的记忆点来增强辨识度。这可以是一个标志性的动作、一句口头禅、一个特定的出场方式或者与内容紧密相关的特色元素。例如，每次视频结尾时的一个标志性动作或一句总结性的口号，可以成为内容的记忆点。

5．利用故事讲述

故事讲述是一种强大的工具，可以帮助用户与品牌建立情感联系。运营者可以通过讲述个人故事、品牌故事或与内容相关的故事来增强辨识度。故事应该具有吸引力，能够引起共鸣，并且与账号的核心主题紧密相关。

6．持续一致的品牌信息

在所有内容和互动中保持一致的品牌信息也非常重要。无论是在社交媒体帖子、视频内容还是与粉丝的互动中，运营者都应该传达相同的品牌理念和价值观。这种一致性有助于加强用户对品牌的认知和记忆。

2.1.4 明确运营目的

新媒体账号的运营是一个多维度、多层次的过程，不论是个人新媒体账号还是企业新媒体账号，其目的通常围绕两个核心维度展开：宣传和盈利。对于大部分的个人和企业而言，宣传是第一个目标，在粉丝基数和粉丝黏性呈现良性增长的趋势后，盈利就成了第二个目标。

1．宣传目的

宣传是新媒体账号运营的基础目标。通过发布高质量、有吸引力的内容，运营者可以提升个人或企业的品牌形象，扩大其在目标用户中的影响力。宣传的目的不仅仅是增加曝光度，更重要的是建立品牌认知度和声誉。例如，一个专注于健康饮食的个人账号可以通过分享创意食谱和营养知识来吸引用户关注，从而逐步建立起自己在该领域的权威性和影响力。

2. 盈利目的

盈利是新媒体账号运营的另一个关键目标。随着粉丝基数的增长和粉丝黏性的增强，运营者可以探索多种盈利模式，如推出付费课程、产品等。对于企业来说，盈利的目的可能更为直接，通过新媒体平台发布新品信息、举办促销活动、开展品牌合作等方式，直接推动产品销售和市场份额的增长。

3. 宣传与盈利的结合

在新媒体账号运营中，宣传和盈利往往是相辅相成的。运营者需要明确，宣传不仅仅是为了增加粉丝数量，更是为了建立粉丝的信任和忠诚度，为后续的盈利打下坚实的基础。例如，一个旅游博主可以通过分享旅行故事和攻略来吸引粉丝，随着粉丝基础的增长，他们可以推出定制旅行服务或与旅游品牌合作，从而实现盈利。

> **课堂讨论**
>
> 假如你要做一个可以盈利的新媒体账号，请根据本节所学思考自己的账号定位。

2.2 选择合适的平台

每个平台都有其独特的用户基础、内容偏好和互动机制。同样的内容发布在 A 平台可能会成为热门视频，发布在 B 平台可能播放量寥寥无几。由此可见，选择合适的新媒体平台对于内容的成功传播至关重要。

2.2.1 新媒体平台的选取维度

选择合适的平台能够提升内容的传播效果，增强用户的观看体验，从而提升运营效果。事先做好以下几个维度的调研，运营者更有可能选对平台。

1. 内容呈现方式的匹配度

抖音、哔哩哔哩等视频平台的优势在于能够提供丰富的视觉和听觉体验，非常适合展示需要视觉展示的内容，例如旅行视频、美妆教程、舞蹈表演等。视频平台的动态特性能够帮助运营者以更加生动的方式呈现内容，从而吸引用户的注意力并提高用户的参与度。

而那些侧重于传递信息和知识的内容，如科技资讯、学术讲解、专业分析等，则更适合图文结合的平台，如微信公众号、知乎等。图文内容便于用户快速浏览和深入阅读，同时也便于进行信息的整理和结构化，有助于展示内容的专业性和权威性。

2. 目标用户的分布

不同的平台聚集着不同特征的用户群体。例如，年轻用户更倾向于使用短视频和社交平台，如抖音、微博；而专业人士和行业领袖可能更多地活跃在知识分享和职业网络型平台，如知乎、领英。运营者需要根据目标用户的特征，选择那些用户基础与自身品牌定位相匹配的平台。此外，通过分析平台的用户数据报告，运营者可以更准确地了解用户的年龄、性别、地域、兴趣等信息，从而做出更恰当的选择。

3. 平台的传播机制

每个平台的传播机制都有其独特性。例如，微信公众号的传播依赖于用户的订阅和社交分享，这要求运营者拥有一定的粉丝基础和社交影响力；而抖音的推荐算法则更加注重内容的质量和用户互动，即使是新账号也有可能通过优质内容获得大量曝光。运营者需要了解不同平台的推荐逻辑和传播规则，选择那些能够帮助自己的内容获得更大传播机会的平台。

4. 平台的功能和工具

一些平台可能提供高级的编辑工具、内容管理工具、数据分析工具和用户互动工具，这些工具能够帮助运营者更高效地创建和发布内容，更精准地分析用户行为，更有效地管理用户关系。例如，微信公众号提供了丰富的开发接口和第三方服务，运营者可以利用这些工具开发个性化的功能，如在线客服、预约系统等，从而提升用户体验。

5. 平台的商业化支持

对于希望实现商业价值的运营者来说，平台的商业化支持是一个不可忽视的因素。一些平台提供了成熟的广告系统、品牌合作机会、电商功能等商业化工具，这些工具能够帮助运营者实现盈利。例如，微博提供了广告投放系统和品牌合作平台，运营者可以通过这些工具进行广告变现或与品牌进行商业合作；而抖音的电商功能更强，运营者可以通过直播"带货"、商品橱窗等方式进行商品销售。

6. 平台的竞争环境

在一个竞争激烈的平台上，即使内容质量很高，也可能因为竞争对手的存在而难以获得足够的关注。相反，在一个竞争相对较平缓的平台上，优质内容更容易脱颖而出，获得更多的曝光和关注。运营者需要根据自身的实力和资源，选择那些竞争环境与自身发展阶段相匹配的平台。一般来说，新上线的平台在初期用户基数不大之时，竞争环境相对宽松。随着平台热度及用户量的上升，平台内部的竞争会越来越激烈。

7. 平台的发展趋势

选择平台时，考虑平台的发展趋势和未来潜力同样重要。一些新兴平台可能提供更多的增长机会和创新空间，但同时也存在着较高的不确定性和风险；而一些成熟平台可能提供更稳定的用户基础和运营环境，但增长空间相对有限。运营者需要根据自身的资源、能力和风险偏好，选择那些具有良好发展前景和符合自身发展需求的平台。同时，保持对行业动态的关注，及时把握新兴平台的机遇，也是新媒体运营成功的关键。

2.2.2 多平台运营的趋势

事实上，当前新媒体运营的趋势已经从单一平台转向多平台运营。多平台运营策略不仅能够扩大内容的覆盖范围，还能够针对不同平台的特点进行优化，从而提升整体的运营效果。

在发展早期，个人及企业可以主选一个平台进行重点运营。随着运营的深入，个人和企业（尤其是企业）往往会选择在各个平台多点开花。

1. 多平台运营的价值

多平台运营的价值主要体现为以下 3 点。

（1）扩大用户基础

多平台运营能够让运营者触及不同平台的独特用户群体，从而实现用户基础的指数级增长。例如，年轻用户可能更偏好抖音等短视频平台，而专业人士可能更多聚集在知乎等知识分享平台。通过跨平台发布内容，运营者不仅能够吸引目标用户，还能触及潜在的、尚未开发的目标用户。此外，多平台运营还有助于内容在不同的社交圈子中传播，通过口碑效应实现自然增长，从而扩大整体用户基础并提高内容的总曝光量。

（2）提升品牌影响力

品牌影响力的提升是通过在各个平台上保持一致的品牌信息和形象来实现的。多平台运营允许品牌在不同的场景中使用不同的定位并与用户进行互动，从而建立一个多维度的品牌形象。例如，品牌可以在小红书上展示其生活方式的元素，在知乎上展示其行业专业知识，在抖音上通过视频教程展示其产品的使用方法。这种跨平台的品牌展现有助于构建品牌的权威性，同时在用户心中留下深刻印象，从而提升品牌的影响力。

（3）风险分散

在多个平台上运营可以有效降低因单一平台政策变动、算法更新或技术问题导致的风险。例如，某个平台更改了内容推广的算法，导致某类内容的曝光率迅速降低，但如果运营者在其他平台上也有布局，那么整体的影响将会被分散。此外，多平台运营还可以对抗特定平台的潜在不稳定性和不确定性，如平台关闭或受到监管限制等。通过在多个平台上建立品牌存在感，可以确保即使在一个平台上遇到问题，个人或品牌仍然能够通过其他渠道维持与用户的联系。

2. 多平台运营的策略

（1）内容差异化

内容差异化是多平台运营中的关键策略。每个新媒体平台都有其独特的用户基础和偏好。例如，小红书的用户偏好视觉上吸引人的内容，而知乎的用户则更倾向于专业性和知识性的内容。运营者需要深入理解每个平台的用户特性，制定差异化的内容策略。例如，运营者可以通过发布短视频吸引抖音用户的注意，同时在微信公众号上发布深度文章以满足用户的阅读需求。此外，运营者也可以根据平台特性调整内容的形式，如在哔哩哔哩上发布详细的教学视频，在微信公众号上发布精炼的推文。运营者采取差异化的内容策略，能够确保内容在每个平台上都能吸引并满足目标用户的需求。

（2）统一的品牌信息

保持品牌信息的一致性意味着无论在哪个平台，品牌的核心价值、品牌故事和品牌视觉识别都应保持一致。统一的品牌信息有助于构建品牌识别度，使品牌在用户心中留下深刻印象。例如，品牌可以在所有平台上使用相同的标志、色彩方案和设计元素，同时确保品牌传达的信息和语调风格一致。这种一致性不仅有助于加强品牌形象，还能够建立起用户对品牌的信任和忠诚度。图 2-1 所示为办公技能教学类账号"秋叶 PPT"在抖音、小红书、哔哩哔哩上的账号主页，该账号在不同新媒体平台的账号名称、封面图相同，使"秋叶"品牌在不同平台的信息和视觉效果一致，有助于加深用户对品牌的印象。

| 抖音账号主页 | 小红书账号主页 | 哔哩哔哩账号主页 |

图 2-1 "秋叶 PPT"在不同新媒体平台的账号主页

（3）协调运营

运营者需要制订一个统一的运营计划，明确每个平台的角色和目标，以及它们如何相互配合以实现整体目标。例如，在微博上发起话题讨论，然后在抖音上深入探讨同一主题，最后通过抖音直播及抖音粉丝团进行用户的转化引导。此外，运营者还需要协调内容发布的时间，确保各平台的活动和促销能够同步进行，使整体效果最大化。

（4）利用平台功能

每个媒体平台都有其独特的功能和特性。运营者需要充分利用这些特性来提高内容的吸引力和互动性。例如，利用微博的"热搜"功能来提高内容的曝光率，通过抖音的"挑战"功能来发起挑战，提升用户的参与度，或者利用知乎的"提问"及"回答"功能来为用户解答疑问并真诚地推荐产品。运营者还可以根据不同平台的广告系统和推广工具来优化内容的传播效果。通过有效利用平台特性及功能，运营者可以更好地吸引目标用户，并提高内容的传播效率。

（5）监测和分析

运营者需要定期收集和分析各平台的数据，以评估内容的表现和用户的反应。这些数据包括浏览量、点赞数、分享数、评论量、转化率等关键数据。通过对这些数据的深入分析，运营者可以了解哪些内容在哪些平台上表现更好，哪些策略有效，哪些需要改进。例如，发布的某个视频在抖音上的观看量远高于其他平台，运营者就可以在抖音上投入更多的资源和精力。此外，监测和分析还可以帮助运营者及时发现问题和机会，从而做出快速的响应和调整。

3. 多平台运营的案例分析

携程作为一个在线旅行服务提供商，其多平台运营策略体现了对不同平台特性的深刻理解和有效利用。

（1）微信小程序

携程在微信平台上推出了"助力抢票"小程序，利用微信的社交网络特性，通过用户间的互动和助力，增加用户黏性和活跃度。这种策略不仅增强了用户的参与感，还借助社交裂变效应，扩大了携程的品牌影响力。

（2）支付宝小程序

在支付宝平台上，携程通过小程序推广机票和酒店预订服务。支付宝是一个金融服务平台，携程的小程序与支付宝的支付功能相结合，为用户提供了便捷的一站式旅行预订和支付体验。

（3）今日头条和抖音小程序

携程还布局了今日头条和抖音小程序，利用这两个平台的信息流和推荐算法，向目标用户推送其可能感兴趣的旅游攻略和景点介绍图文或短视频，从而吸引用户关注并尝试将其转化为携程的用户。

携程的多平台运营策略体现了灵活性和创新性，同时也展示了如何通过跨平台整合，为用户提供无缝的旅行预订体验。这种策略不仅增加了用户的接触点，也提高了品牌的可见度和市场竞争力。

课堂讨论

假如要创建一个新媒体账号，你会选择哪一个或哪几个新媒体平台？说说你的理由。

2.3 账号设置

运营者在新媒体平台运营的账号，相当于个人或企业的一张名片，账号的主页信息——账号名称、头像、个性签名、封面图及账号所发布内容，会给用户留下直观印象。每位运营者都需要重视账号的设置，以期给用户留下好的印象。账号的设置内容包括账号名称、头像、个性签名、地区等内容。

企业或机构的官方账号的设置比较简单，各项账号信息一般都与企业或机构真实的信息保持一致，如账号名称是企业或机构的真实名称，账号头像即企业的品牌标志，个性签名是企业或机构的业务范围等。

由于很多企业会在新媒体平台搭建账号矩阵，因此，除官方账号外的其他子账号则可以在保留企业名称核心词汇的基础上，再添加子标签。如秋叶品牌在各新媒体平台的主账号为"秋叶大叔"，各条业务线的矩阵账号名称则包括"秋叶 AI""秋叶 PPT""秋叶 Excel"等。

个人账号信息的设置则更为复杂。下面将以个人账号为主，介绍新媒体账号信息的设置技巧。

2.3.1 互联网中的个人商标——账号名称

通过新媒体账号与他人互动时，对方最早接触的就是账号的账号名称和头像。从营销角度来说，好的账号名称能够减少沟通成本。

一般来说，起好的账号名称有以下几个技巧。

1. 品牌一致，重复刺激

如果账号所属个人或企业已经有了一定的社会影响力，则建议运营者在各大平台都沿用已经被大众熟知的、完全一样的名称。

很多新媒体平台要求账号名称不能重复，所以个人或企业一定要有品牌意识，要在新媒体平台刚推出的时候就去抢注账号名称。这也导致优质名称成为一种稀缺资源。

对于准备打造个人品牌的运营者，则建议其将新媒体平台的账号名称设置为自己的本名，这样做的好处是增加真实感，进而提高信任度。

2．字数要短，便于搜索

如果没有品牌积淀，运营者在为账号起名时，可以遵循简单、亲切、好记的原则。要想让账号名称被用户更快地记住，运营者在起名时需要注意账号名称要符合用户的记忆习惯，用词奇怪、字数过多的账号名称很难被用户记住。

3．拼写简单，便于输入

好的账号名称应该方便用户快速输入和搜索，除非特殊情况，否则账号名称中不要出现难写、难拼、难读、难认的文字。如果运营者希望账号名称被更多人记住，那么繁体字、表情、符号、奇特的外国文字最好不要出现在账号名称中。

4．提供标签，对号入座

对于个人账号的运营者而言，如果账号所属个人已经有知名度较高的个人品牌，则可以取自己一贯的名称或本名。例如，知识 IP 秋叶大叔在各大新媒体平台的账号名称就直接使用本人已形成个人品牌的名称。

如果账号所属个人还没有自己的个人品牌，则运营者应该采取"实名或昵称+标签或核心信息"的起名策略，将个人最重要的标签或核心信息加入账号名称中，作为姓名的前缀或后缀。标签能让用户快速对号入座，减少沟通成本。

标签或核心信息包括以下 3 种。

① 企业或项目名称，如"小米刘艳"。

② 擅长领域，如"早餐小饼"。

③ 能为他人提供的价值，如"丹阳|升学规划"。

有的个人账号名称会将地域、企业全称、电话，甚至人生格言、理念作为账号名称的后缀。这种方法通常适合有明确营销和拓展客户目的的账号。

5．长期不变，永久记忆

新媒体账号名称设置好之后，就不要频繁更换。因为账号名称用户一旦熟悉了，更换后需要用户再花时间和精力去记忆，增加了用户的记忆负担，容易导致用户找不到或忘记。

2.3.2　社交网络中的第一印象——头像

头像是账号给用户留下的第一印象，所以运营者一定要用心设置，尽可能减少社交成本。设置头像有以下 4 个技巧。

1．辨识度高，清晰自然

如果想让头像更好地展示账号的特性或优势，需要做到以下几点。

① 图像必须是清晰的，不清晰的头像就像被蒙了一层薄纱，无形中增添了一层隔阂。

② 图片背景要尽量干净，元素过多会导致头像主体失焦。

③ 头像识别度要高，背景色和头像要有明显的色彩对比。

④ 主体和背景的比例要合适，人物不能太小。

⑤ 图片要适当裁剪，不要压缩、变形，否则会让人感觉非常不舒服。

2. 真实可靠，安全可信

现实生活中有些人喜欢在网上搜索他人的照片作为头像，这个做法本身虽无可厚非，但是如果个人账号是用于运营，则建议运营者使用真人头像，因为真人头像照片能够给人带来安全感。

头像照片可以适当进行美颜处理，但是要把握尺度。真实、美好、能彰显本人自身气质的头像会给用户带来好印象，有助于取得他们的信任。

3. 贴近职业，风格匹配

如果新媒体账号只是加了自己亲朋好友，那么选用一些搞笑、好玩的头像无伤大雅，但是如果要去对接客户或合作伙伴，选择网络搞笑图片作为头像难免会给自己的形象和专业度减分。所以，在一般情况下，选择的头像风格要尽可能贴近自己的职业。

4. 突出特点，有话题性

如果账号所属个人的外貌具有一定特征，则可以在头像中加以突出，这样一方面可以快速表明账号的定位，另一方面也为账号增加辨识度，更容易让用户留下深刻印象。例如，一个儿童美术教学账号的头像为运营者（也是账号所有者）本人所教授学生的画作，这能让其他用户一眼知悉账号定位与儿童美术相关。同时，充满童趣的画作也利于破冰，让陌生用户第一时间有话可聊。

2.3.3 我为自己代言——账号简介

账号简介设定一般遵循"亮明身份，提供价值，圈定粉丝"的原则，运营者可以从"身份、资质、产品/服务、可提供价值、所传递理念"等角度进行设定，向用户清晰阐述"我是谁？为什么我能做这件事？我能提供什么价值？你能收获什么？"这4件事。

某亲子家教账号简介的设定如下。

① 说明身份：10年儿童情商导师、0~12岁孩子育儿专家。

② 亮出资质：国家二级心理咨询师。

③ 产品/服务：周一到周五 8:30—10:00 直播。

④ 可提供价值：直播间的育儿"干货"内容。

⑤ 所传递理念：父母好好学习，孩子天天向上。

2.3.4 内容封面图的选用方法

内容封面图的作用是突出主题以及吸引用户关注。为了凸显账号的风格，以便加深用户的印象，新媒体运营者可以将账号中不同内容的封面图设计成统一的字体、风格、色调，使用统一的符号、标识。为了进一步突出内容的价值，提高内容的打开率，运营者还可以将内容中的重点、难点、痛点写在封面图上，甚至可以直接截取内文中有吸引力的内容作为封面图，如图 2-2 所示。

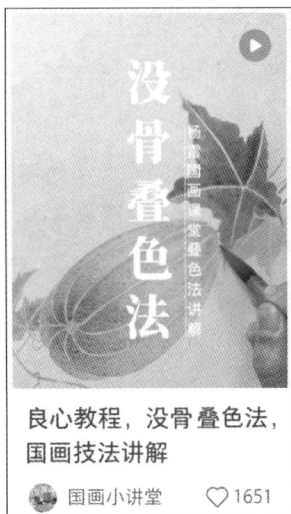

图 2-2　某视频内容封面图

课堂练习

　　你觉得你现有的新媒体个人账号信息怎么样？有可以优化的地方吗？如果有，是哪些地方呢？请跟同学们分享你的想法。

2.4　搭建选题素材库

　　运营者选定内容方向和入驻平台后，便可以潜心创作，认真地输出优质内容了。为了避免出现因持续输出内容而导致灵感枯竭的情况，运营者需要搭建自己的内容选题库，以利于持续创作。

2.4.1　素材库内容来源

　　运营者可以从几个方面进行选题素材的收集。

1. 热点新闻

　　持续关注当前的热点话题和新闻事件，包括国内外政治、经济、社会、文化等方面的重要新闻，以及与自己所负责的领域相关的行业动态。

2. 网络热门话题

　　监测各大社交媒体平台上的热门话题、关键词和流行话题标签，如微博热搜榜、知乎热门话题等，以了解用户感兴趣的话题。同时，运营者还应及时了解网络流行文化，如"梗"、段子、热门视频等，以便在输出内容时充分利用这些具有话题性和容易让用户产生亲近感的元素。

3. 用户反馈和互动

　　积极与用户互动，及时查看用户的反馈和评论，了解用户对于内容的喜好和不满意之处，收集用户的观点、疑问和需求。

4. 竞品账号热门内容

竞品账号与运营者自身账号的目标用户群体重合度高，用户偏好类似，因此，竞品账号所发布的数据较好的内容也可以成为运营者自身账号的优质内容灵感来源。

5. 行业报告和研究成果

浏览公开发布的行业报告、研究成果和调查数据，了解当前行业的趋势和发展方向，从中找到可供创作的素材和观点。

6. 专家观点和访谈

关注行业内的专家、学者和领军人物的观点和见解，从他们的演讲、访谈、专栏等渠道收集有价值的选题素材。

7. 潜在商务合作伙伴的需求

了解潜在广告主或合作伙伴的目标和需求，收集相关的行业趋势、案例和解决方案，以便创作出能引起潜在商务合作伙伴关注的内容。

运营者综合收集以上几个方面的素材，就可以建立丰富、多样化的选题素材库，用于新媒体内容创作。

2.4.2　竞品账号热门内容拆解

拆解竞品账号的热门内容，并将相关素材整合到自己的选题素材库中，这有助于运营者的新媒体内容创作保持多样性、新鲜感和吸引力。运营者可以从以下几个方面对竞品账号的热门内容进行拆解。

1. 主题和话题

分析竞品账号的热门内容所涉及的主题和话题，包括时事新闻、行业趋势、社会问题等。根据这些主题，寻找与之相关的新鲜素材。

2. 内容类型

了解竞品账号的热门内容是何种类型，例如新闻报道、分析评论、故事叙述、教育性内容等。运营者可以模仿竞品账号的内容类型，在自己的选题素材库中创造多样性。

3. 观点和立场

分析竞品账号在热门内容中表达的观点和立场，以了解他们的独特视角。据此，运营者可以在相同话题上提出不同的观点或反驳意见，创造有争议性的选题。

4. 格式和风格

观察竞品账号的内容发布格式和写作风格，以图文内容为例，运营者可以分析内容标题、引言、段落结构、图文搭配等，以改进自己的内容创作技巧。

5. 用户反馈和互动

查看竞品账号的热门内容下的用户反馈和互动，了解用户的评论、问题和建议，从而挖掘出用户感兴趣的话题和疑问，进一步拓展选题素材。

6. 数据分析

使用数据分析工具分析竞品账号热门内容的表现，包括阅读、点赞、分享、评论等数据。运营者可以根据这些数据确定哪些主题或类型的内容在社交媒体上更受欢迎。

7. 时间敏感性

考虑热门内容的时间敏感性，某些话题可能只在特定时间段或季节热门，例如"团圆"这一话题与春节、中秋节有着紧密的关联，是这两个时间段的热门话题。把握时机才能增加内容曝光度。

2.4.3 选题素材表的建立与应用

为了更有效地管理和使用收集到的选题素材，运营者可以建立一个选题素材表。这个表格可以是纸质形式，也可以是电子形式，如本地保存的 Excel 表格或腾讯文档、飞书等在线文档，具体取决于运营者的使用习惯和团队协作的需求。如果运营团队较大，需要多人协作，则更适合使用可供多人同时编辑的在线文档。选题素材表通常包含以下几个关键要素。

1. 素材编号

为每个素材项分配一个唯一的编号，便于管理和归档。

2. 素材类型

明确素材的类型，如新闻、趋势、用户反馈、专家观点等。

3. 素材来源

记录素材的来源渠道，例如具体的网站、社交媒体账号或出版物。

4. 素材概述

简要描述素材的主要内容，包括关键信息和吸引点。

5. 相关主题

列出素材相关的主题或话题，便于后续根据主题筛选和整合。

6. 适用平台

指明素材适合发布的平台，有些素材可能更适合特定类型的平台。

7. 时间

记录素材收集的日期，用于追踪素材的时效性。

8. 状态

标注素材的使用状态，如"未使用""正在使用""已使用"。

9. 备注

提供额外的说明或笔记空间，运营者可以在此添加个人见解或后续行动计划。

以定位为"职场成长"的新媒体账号为例，运营者可以制作对应的选题素材表，如表 2-1 所示。

表 2-1　"职场成长"类新媒体账号选题素材表

素材编号	素材类型	素材来源	素材概述	相关主题	适用平台	时间	状态	备注
1	热点新闻	某职场发展论坛	讨论当前职场中的新趋势，如远程工作对职业发展的影响	远程工作、职业趋势	领英	2024.6.10	未使用	适合深度分析
2	网络热门话题	知乎热门问答	"如何有效提升个人职业技能"登上热门讨论	技能提升	知乎	2024.6.11	未使用	可以组织线上讨论
3	用户反馈	微信公众号留言	用户询问如何规划职业发展路径	职业规划	微信公众号	2024.6.12	正在使用	
4	竞品热门内容	某竞品的抖音账号	"职场高效沟通技巧"一文获得高度评价	职场沟通	微信公众号	2024.6.13	未使用	
5	行业报告	职场研究机构报告	关于职场成长和个人品牌建设的年度报告	个人品牌建设	微博	2024.6.14	未使用	
6	专家观点	某在线研讨会	行业大咖分享职场成长心得和建议	职场成长	抖音	2024.6.15	未使用	
7	商务合作	某企业培训机构	企业寻求合作，推广职场技能提升课程	职场培训	微信	2024.6.16	已使用	

课堂练习

根据本节所学内容，选择一个你喜爱的账号，并对账号热门内容进行分析。

2.5　数据分析

为了更好地进行新媒体平台的账号运营，运营者需每日观察账号数据变化，并定期进行账号数据分析和复盘，以便拟定下一阶段的运营策略。

2.5.1　用户分析

用户分析是新媒体运营中至关重要的一环，它能帮助运营者更好地理解其用户群体，制定更为精准的策略，从而提升新媒体账号的整体表现。

比较关键的用户数据有以下几种。

1. 新增关注用户

新增关注用户数据反映了在特定时间段内新关注账号的用户数量。这个数据显示了内容和推广策略对吸引新用户的效果。运营者应关注日增、周增和月增关注用户的具体数字，并分析其增长趋势，从而评估推广活动和内容更新的效果。

2．用户互动率

用户互动率是衡量用户参与度的关键数据，计算公式为用户互动数量除以用户总数。互动包括点赞、评论、分享和收藏等行为。用户互动率高表明用户对内容感兴趣并积极参与。运营者应追踪互动率高的内容，并分析其特点，以便在未来的选题和内容创作中复用成功的元素。

3．用户画像

用户画像是关于用户特征和兴趣的详细描述，包括但不限于年龄、性别、地理位置、职业、教育背景和兴趣爱好等。通过构建用户画像，运营者可以更精准地了解目标用户，从而制定更符合用户需求和兴趣的内容策略。

4．用户留存率

用户留存率指的是在一段时间过去后，仍然保持关注并活跃的用户比例。用户留存率高意味着用户对账号内容持续感兴趣，而用户留存率低则意味着运营者需要改进内容质量或用户互动策略。

5．用户反馈

用户反馈包括用户的评论、私信及其他形式的反馈。这些反馈是了解用户需求和期望的直接渠道。运营者应认真分析用户反馈，以识别内容的优点和可改进之处，进一步增强内容的相关性和吸引力。

6．用户增长来源

用户增长来源数据则是分析关注用户是如何找到并关注账号的。可能的来源包括平台内搜索、内容推荐、广告、合作伙伴推广或外部链接。了解用户增长来源有助于运营者识别最有效的推广渠道，并据此调整营销策略。

7．用户互动时段

用户互动时段是指用户在一天中互动最活跃的时间段。通过分析这些数据，运营者可以确定何时发布内容最有可能获得高曝光和用户互动。这有助于优化内容发布计划，提高内容的影响力。

2.5.2　内容分析

运营者需要评估账号内容在用户端的表现如何，并根据数据结果调整和优化内容策略，以提高内容的质量。同时，不同的内容和平台可能有不同的数据需要关注，运营者应根据具体情况选择最相关的数据来进行分析。

常见的用于分析账号内容的数据如下。

1．阅读量和浏览量

阅读量和浏览量是衡量内容受欢迎程度的基本数据。不论是文章、图片还是音频、视频，阅读量和浏览量的高低都直接反映了用户对内容的兴趣。运营者应密切关注这些数据，并与历史数据和竞品的数据进行对比分析。例如，如果发现某篇文章的阅读量远高于平均水平，运营者应进一步分析其成功的原因，如标题吸引人、内容质量高或话题相关性强等。

2. 互动率和参与度

互动率和参与度显示了用户与内容互动的频率和深度。这些数据包括点赞、评论、收藏和转发等行为。高互动率和高参与度通常意味着内容能够引起用户的共鸣和兴趣。特别是转发率，它是衡量内容传播力的关键，高转发率的内容能够吸引更多新用户的关注。运营者需要密切关注互动率和参与度的变化，并针对性地调整内容策略，以提高用户参与度。

3. 跳出率

跳出率是指用户在访问内容后没有进一步浏览就离开的比率。高跳出率可能意味着内容未能吸引用户的注意力或未能提供足够的价值。例如，一个视频如果在前几秒内失去大量用户观看，可能说明开头不够吸引人。运营者需要分析跳出率数据，识别问题所在，并优化内容结构和呈现方式，以提高用户留存率。

4. 完读率或完播率

完读率或完播率是衡量用户是否完整看完内容的指标。完读率指的是用户阅读至文章末尾的比例，完播率则指用户观看视频至结束的比例。这些数据对于评估内容的吸引力和用户满意度至关重要。如果完读率或完播率较低，可能需要改进内容的质量、结构或呈现方式，以提高用户的参与度和满意度。

2.5.3 转化分析

对于新媒体运营者来说，转化情况是一个关键指标，它反映了内容对用户的吸引力，同时也直接关系到运营的效果和目标是否达成。运营者可以通过一些常用的指标来对账号的转化情况进行分析。

1. 点击率

点击率是衡量账号发布的内容中，用户点击链接或进行互动的比例。它通常用百分比来表示。高点击率通常意味着内容吸引力强，能够有效地引导用户进一步行动，从而提高转化率。

2. 转化率

如果运营者的运营目标是将关注用户转化为订阅用户、付费用户或实现其他具体的转化目标，跟踪转化率则显得尤为重要。转化率是指用户在点击链接后实际执行了预期的目标动作的比例。转化率可以通过用户点击广告、购买产品或参与活动等比例来衡量，并帮助运营者评估内容和运营策略的商业价值。

3. 投资回报

投资回报（Return on Investment，ROI）是表示相应投入所获得的回报比例。对新媒体内容进行广告投放，以吸引精准用户购买内容中附带的产品，这是一种常见的新媒体内容投放策略。ROI 的指数越高，说明产品的投入回报率越高。如果产品的 ROI 达到一定比例，使产品的成交额大于产品的营销成本，则代表该产品的投放进入了正向循环的阶段。

4．留存率

留存率是指在特定时间段内，用户持续关注账号内容或使用产品或服务的比例。高留存率通常代表用户对品牌或内容有良好的认可和满意度。运营者可以通过提高留存率，增加用户忠诚度，稳定用户群体，推动业务的可持续增长。在直播活动中，留存率是一项非常重要的指标。

5．目标完成路径流失率

目标完成路径是指用户从首次接触内容到完成预期目标的整个过程，整个过程中需要执行若干个动作，如点击内容封面查看内容、点击产品链接、浏览产品详情页、点击产品购买按钮等。追踪和分析用户在转化路径上的行为和流失情况，可以帮助运营者识别出流失的环节，优化整个用户转化路径，减少用户流失和提高转化率。

> **课堂讨论**
>
> 请选择一个抖音账号，并通过第三方数据分析工具蝉妈妈查看该账号的数据情况。

2.6 熟用工具，助力新媒体平台运营

随着新媒体平台功能的日益丰富，运营者面临的挑战也越来越多。从内容创作、图像编辑到数据分析，每一项任务都需要专业技能和工具的支撑。但并非每位运营者都具备设计或编程的专业背景，这时候，一些易于上手、功能强大的工具就显得尤为重要。它们可以帮助运营者快速解决实际问题，优化工作流程，让运营者能够将更多的精力投入内容创作和策略规划中。

2.6.1 AIGC 工具

人工智能生成内容（Artificial Intelligence Generated Content，AIGC）技术的迅猛发展体现在 AIGC 工具的种类繁多上。在写作、绘图、设计、音乐、视频等主要的内容生产领域，AIGC 工具都有着优秀的表现。这些工具可以为新媒体运营者提供优质的内容素材和灵感，并帮助新媒体运营者提高优质内容的创作效率。

AIGC 工具主要分为文本生成工具、图像生成工具、音频生成工具、视频生成工具等主要类型。

1．文本生成工具——文心一言

文心一言是百度基于文心大模型技术推出的生成式对话产品，是百度在人工智能领域深耕十余年后，拥有产业级知识增强文心大模型 ERNIE 的基础上，利用跨模态、跨语言的深度语义理解与生成能力而开发的一款 AI 聊天机器人。与 ChatGPT 功能类似，文心

一言同样能够与人对话互动、回答问题、生成文章，高效便捷地帮助人们获取信息、知识和灵感。

除了生成文字，文心一言还可生成图像、表格等更多形式的内容。在多个领域，文心一言都展现出了强大的应用潜力，综合性较强。这使它能够满足不同用户的不同需求，并在众多 AIGC 工具中取得亮眼的成绩。文心一言的网页端首页如图 2-3 所示。

图 2-3　文心一言网页端首页

2. 图像生成工具——通义万相

通义万相是由阿里云开发的一个先进的人工智能绘画创作平台，作为其"通义大模型家族"的新成员，致力于通过尖端的人工智能技术，实现文本到图像（文生图）、图像到图像（图生图）等多种形式的自动化视觉内容生成，提高创意产出的效率，增加创意表现的个性化程度。

通义万相不仅能够处理中文和英文指令，还能依据用户对颜色、构图、时代背景等复杂细节的要求，生成风格各异、细节丰富的绘画作品，涵盖了从写实到抽象、古典到现代的各种艺术流派。通义万相还具备基于已有图像进行衍生创作的能力。用户上传一幅参考图片，系统能据此进行风格迁移、内容扩展、细节调整等操作。

除了"文生图"和"图生图"，对于不具备专业绘图技能的用户，通义万相提供了涂鸦功能，允许用户通过简单的线条勾勒出大致轮廓或元素，随后 AIGC 工具会据此完善细节、填充色彩，将草图转化为完整的艺术作品。此外，该平台还支持虚拟模特生成，用户可以定制化创建虚拟人物形象，用于个人写真、时尚设计、游戏角色等多元应用场景。通义万相的网页端首页如图 2-4 所示。

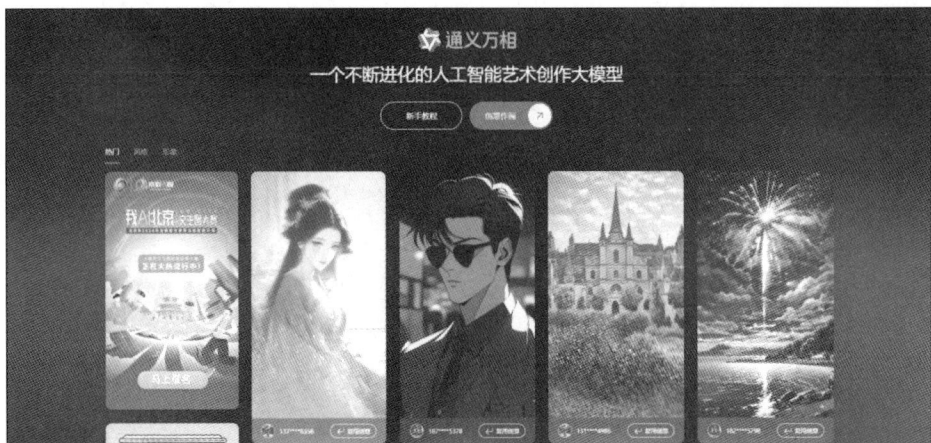

图 2-4　通义万相网页端首页

3. 音频生成工具——网易天音

网易天音是由网易云音乐开发并推出的一站式 AI 音乐创作平台。网易天音旨在通过先进的 AI 技术，帮助音乐爱好者、创作者甚至是完全没有音乐背景的普通用户便捷地进行音乐创作。这个工具集合了多项 AI 功能，包括但不限于 AI 作词、AI 编曲和 AI 演唱等核心模块。

用户只需输入简单的灵感关键词、情感基调、主题内容甚至是一段文字，网易天音就能够快速生成初步的词曲，且支持用户对生成的内容进行进一步的个性化调整和优化。此外，该平台提供了丰富的音乐风格选项，用户可以一键选取不同的音乐类型，让 AIGC 工具依据选定的风格来完成专业的编曲工作。另外，它也允许用户一键导出音频并分享至多个社交网络或音乐平台。

通过不断的迭代更新，网易天音在 2022 年之后的版本中增加了更多功能特性，例如限时免费试用多种音乐风格、一键渲染音乐作品以及优化移动端创作体验等。这让更多的用户能够借助 AI 的力量，挖掘自身的音乐潜能，创造出独具特色的音乐作品。网易天音的网页端首页如图 2-5 所示。

图 2-5　网易天音网页端首页

4. 视频生成工具——腾讯智影

腾讯智影是由腾讯公司自主研发的一个综合性视频创作 AIGC 平台，致力于通过 AIGC 技术赋能内容创作者，实现高效、便捷、智能化的视频制作流程。自面世以来，腾讯智影凭借其全面的功能、易用的界面与强大的云计算能力，赢得了广大用户尤其是企业、媒体和个人创作者的青睐。腾讯智影的网页端首页如图 2-6 所示。

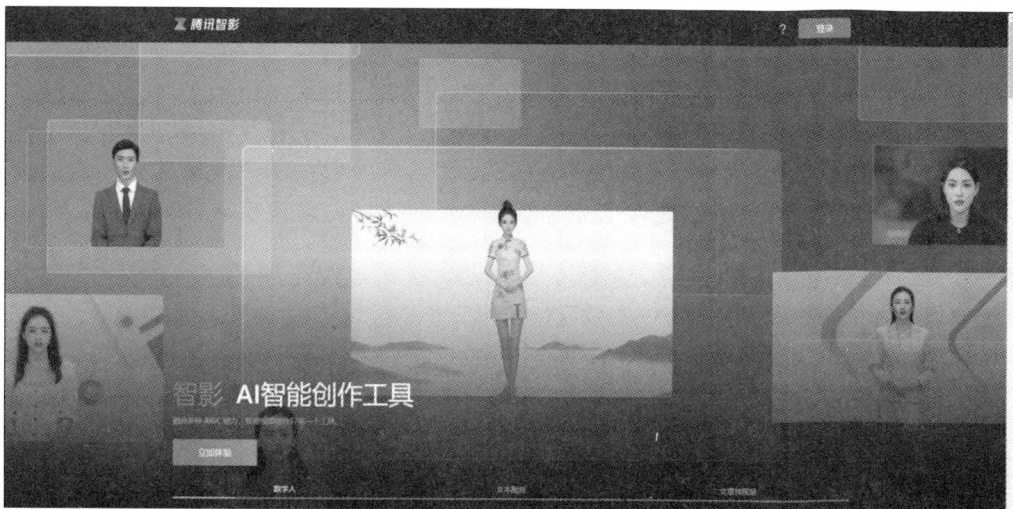

图 2-6　腾讯智影网页端首页

腾讯智影集多种功能于一体。其主要的功能如下所示。

（1）数字人播报

腾讯智影提供丰富的数字人形象库，用户仅需输入文字脚本，即可一键生成由数字人主持的播报视频。这些数字人形象逼真、表达生动，适用于新闻播报、企业宣传、线上教育等多种场景，可以有效替代真人出镜，实现不间断的内容输出。

（2）文本配音与自动字幕

腾讯智影内嵌文本转语音技术，用户可以快速将文本内容转化为自然流畅的语音旁白，支持多种语言与音色选择。同时，自动字幕识别功能能够准确识别并生成视频内的对话或解说字幕，大大简化了字幕制作流程。

（3）智能剪辑与特效

腾讯智影具备自动剪辑功能，可根据用户上传的素材智能识别关键帧，自动生成初步剪辑版本。此外，它还提供丰富的特效库与模板，用户可以轻松添加转场、滤镜、动画等元素，快速提升视频的质感。

（4）文章转视频

腾讯智影能够将长篇文字内容自动转化为具有视觉吸引力的视频，结合腾讯素材库、语音播报与更多视频编辑元素，将文本转化为生动的视听体验，尤其适用于知识分享、教程讲解等场景。

（5）变声

腾讯智影特有的变声技术允许用户在保留原始语音韵律的前提下，将原始语音转换为指定的其他声音，为视频增添多样化的表现力。这一功能在角色扮演、剧情创作等领域具有广泛的应用价值。

（6）动态漫画

动态漫画功能凭借其强大的图形处理能力，将用户提供的文字剧本、人物设定、场景描述等素材转化为生动的动态漫画视频，降低了传统动画制作的复杂度和技术门槛，使个人创作者、动漫爱好者乃至小型工作室都能轻松涉足动画制作领域。

2.6.2 文章编辑工具

对于图文内容而言，文章的排版和编辑质量直接影响内容的呈现效果和用户的阅读体验。不少文本编辑工具以其易用性、丰富的模板和设计元素，以及强大的排版功能，极大地方便了新媒体运营者进行文章编辑和排版。以下是新媒体运营者常用的文章编辑工具的介绍。

1. 135 编辑器

135 编辑器是一个专为微信文章排版设计的工具，提供了丰富的排版样式和模板。它支持一键排版，允许用户通过拖放操作快速调整文章格式，非常适合需要在微信公众号等平台上发布文章的运营者。图 2-7 所示为 135 编辑器网页端首页。

图 2-7　135 编辑器网页端首页

2. 秀米

秀米是一个简单易用的图文排版工具，特别适合制作微信公众号文章、微博长文等。它拥有大量的原创模板和设计元素，用户可以根据需要选择合适的模板，然后进行个性化编辑。

3. i 排版

i 排版是一款专业的微信编辑器，提供了多种排版样式和一键排版功能。它的界面简洁，操作直观，支持实时预览和多平台同步，方便用户在不同设备上编辑文章。

4. 易企秀

易企秀是一款支持 H5 页面制作的编辑器，同时也提供了图文排版功能。它的界面友好，操作简单，适合需要制作互动性强的图文内容的用户。

5. 兔展

兔展是一款支持 H5 页面、微信文章等多种内容形式制作的编辑器。它提供了丰富的模板和设计元素，用户可以根据自己的需求选择合适的模板进行编辑。

2.6.3　图片处理工具

在新媒体平台的运营中，图片处理是一项基本而关键的技能。对于非设计专业的新手运营者来说，掌握一些易于使用、功能全面的图片处理工具是非常必要的。以下是新媒体运营者常用的图片处理工具的介绍。

1. 美图秀秀

美图秀秀是一款非常适合新手的图片编辑软件，它提供了丰富的图片编辑功能，包括去水印、添加贴纸、修改图片大小、应用滤镜等。用户界面直观，操作简单，非常适合快速编辑和美化图片。图 2-8 所示为美图秀秀 PC 端应用程序首页。

图 2-8　美图秀秀 PC 端应用程序首页

2. 稿定设计

稿定设计是一个在线设计平台，提供了大量的设计模板和元素，特别适合快速制作活动海报、社交媒体图像等。它的在线操作方式方便快捷，无须下载软件。

3. 创客贴

创客贴是一个简单易用的在线设计工具，拥有上百种海报模板，用户可以根据自己的需求选择合适的模板，然后进行个性化编辑，快速完成海报设计。

4. 图怪兽

图怪兽提供了丰富的设计模板和元素，特别适合需要定制海报的用户。它的操作界面友好，即使是设计新手也能快速上手，制作出专业水准的海报。

5. Canva 可画

Canva 可画是一个全球知名的在线设计平台，提供了大量的设计模板和元素，支持中文界面，非常适合中国用户使用。它的拖放式操作非常简单，有助于快速制作出各种设计作品。

2.6.4 视频剪辑工具

在短视频内容大火的背景下，市面已经出现了一批易于操作、功能全面的视频剪辑工具，它们不仅降低了视频制作的门槛，还极大地丰富了视频内容的表现形式。以下是新媒体运营者常用的视频剪辑工具的介绍。

1. 剪映

剪映是一款专为手机用户设计的视频剪辑应用，界面简洁，操作直观。它提供了丰富的视频编辑功能，包括剪辑、拼接、添加字幕、应用滤镜和特效等，非常适合快速制作并分享社交媒体视频。图 2-9 所示为剪映 App 首页。

图 2-9 剪映 App 首页

2. 快影

快影以其用户友好的界面和丰富的视频模板而受到新手运营者的欢迎。它支持一键生成视频，快速添加音乐、字幕和各种动态效果，让视频内容更加生动有趣。

3. 会声会影

会声会影是一款功能较为全面的桌面视频剪辑软件，适合需要在 PC 端进行视频编辑的用户。它提供了从基础剪辑到高级特效的多种功能，包括绿幕抠图、画中画等，适合制作更专业的视频内容。

4. 小影

小影是一款集成了视频剪辑、特效制作和分享功能的手机应用。它拥有直观的时间线编辑器和丰富的视频素材库，用户可以轻松地为视频添加各种效果和转场。

5. InShot

InShot 是一款流行的视频编辑应用，支持视频剪辑，添加音乐、文字和贴纸。它的界面简单易用，适合新手快速上手，同时提供了多种视频比例和分辨率选项，方便用户根据不同平台的要求进行编辑。

2.6.5　数据分析工具

数据分析的重要性在前文中已多次提到，它不仅能帮助运营者洞察用户行为，优化内容策略，还能指导营销活动，提升运营效果。以下是媒体运营者常用的数据分析工具介绍。

1. 蝉妈妈

蝉妈妈专注于提供抖音和小红书平台的数据分析服务。它通过深入分析"达人"的商品销售、直播和短视频等模块，帮助用户清晰了解对标账号的真实数据情况，从而有侧重点地调整账号运营策略。图 2-10 所示为蝉妈妈网页端首页。

图 2-10　蝉妈妈网页端首页

2. 新榜

新榜是一个综合性的内容产业服务平台，提供微信、视频号、微博等多个平台的榜单信息和数据分析。对于刚进入某个平台的运营者来说，新榜能够帮助他们快速定位头部账号，获取行业动态和市场趋势。

3. 清博指数

清博指数是一个新媒体大数据平台，提供微信公众号、微博等平台的数据分析服务。它通过数据挖掘和分析，为运营者提供用户画像、内容传播力等多维度的数据报告。

4. 千瓜数据

千瓜数据主要服务于小红书平台，提供品牌分析、"达人"分析、笔记分析等数据服务。

运营者可以通过千瓜数据洞察热门话题、优质内容和用户偏好，优化自己的运营策略。

5. 百度统计

百度统计是一个网站流量分析工具，适用于有官方网站或落地页的新媒体运营者。它提供实时访客分析、来源分析、页面分析等功能，帮助运营者了解用户行为和优化网站体验。

课堂练习

从本节所介绍的工具中，选择一至两种进行试用，并向同学们分享你的创作内容。

思考与练习

1 假如你是一家食品公司的新媒体运营者，请你制定一份新媒体运营方案。方案内容需包含账号定位、平台选择、账号设置、竞品账号数据分析等内容。根据本章所学，利用新媒体工具来运营你的新媒体账号。

2 请对文本生成工具文心一言、Kimi智能助手、豆包、通义进行试用，通过这些工具生成你想要的文本内容，并分享你得到的最满意的一版内容。

PART 03

第三章
微博运营

学习目标

➤ 了解微博的发展历程。
➤ 了解微博的推荐机制。
➤ 掌握微博的内容类型及运营模式。

素养目标

➤ 把握社交媒体发展脉搏，助力数字文化创新。
➤ 打造高质量内容，践行内容强国战略。
➤ 实现品牌赋能，响应国家品牌建设战略。

　　2009 年，伴随着移动互联网的火热发展，微博应运而生。与既往传统媒体不同的是，微博加强了创作者之间的连接，无论是学富五车的专家学者，还是职场人员、学生都能够在一个平台上进行连接和沟通。同时，热门话题、焦点内容不再由网站编辑推送决定，而是由广大用户的讨论和搜索决定。此外，微博超强的社交属性也为创作者提供了更多可能性。

3.1 微博概述

随着移动互联网的火热和博客时代的发展，广大用户已经不再满足于信息接收者的定位，开始寻求更多参与方式，希望成为信息的创作者、参与者、传播者。在此大环境下，作为老牌知名门户网站的新浪网顺应趋势推出微博产品，并迅速吸引大批量用户入驻。至此，社交资产和社交赋能便逐步映入大众眼帘而被广泛重视。通过激烈的竞争，微博平台最终从一众同类产品中脱颖而出并持续保持领先地位。直到今天，用户所说的"微博平台"基本都是指新浪微博。本章所述微博平台亦是指新浪微博。

3.1.1 微博的基本介绍

微博是 2009 年 8 月新浪网推出的一个为大众提供娱乐休闲生活服务的信息交流与分享平台，以图片、文字、视频等形式进行信息的即时共享和传播互动。自上线以来，微博用户数量呈爆发式增长，并迅速成长为继门户网站、搜索引擎之后的互联网新入口。

随着新浪微博的飞速发展，其他门户网站纷纷发力，终于在 2010 年前后迎来了国内微博的春天。网易微博、腾讯微博……纷纷上线，同时也拉动了专家、学者、KOL 用户由博客到微博的迁移。

新浪微博以其先发优势和老牌门户网站地位一直遥遥领先。其间，随着自媒体的发展，其他平台微博陆续退出大众视野。至此，大众提到微博便会自然特指新浪微博。

3.1.2 微博的发展历程

新浪微博的发展一共经历了 4 个阶段，即萌芽期、成长期、规范期、平稳期。

1. 萌芽期（2009 年—2013 年）

2009 年 8 月 14 日新浪微博开始内测，依托强大的媒体品牌和传媒影响力推进业务，并始终保持着高速发展的态势。上线仅一年，注册用户数便超过 5000 万。新浪微博先后与百度、网易达成战略合作，同时举办多场颇具影响力的创作者大会，如"首届微小说大赛""首届微博开发者大会"等。截至 2013 年，新浪微博注册总用户数破 5 亿，日活跃用户数达到 4620 万。诸多企业官方、专家学者开始习惯使用新浪微博发表见解、对外公布最新动态。新浪微博开始对平台商业化进行探索，新浪微博粉丝通于 2012 年应运而生。

2. 成长期（2014 年—2019 年）

在迅猛发展的势头之下，2014 年 4 月 17 日新浪微博正式登陆纳斯达克。同年，腾讯、网易纷纷关闭旗下微博，退出微博市场竞争。2015 年，微博取消了 140 字限制。直至 2017 年，阅读活跃用户数增长至 3.5 亿。此后，微博依旧保持强劲的增长势头，并在商业化进程上展开了持续的探索与深耕，迭代了多种创作者内容推广插件。

3. 规范期（2020 年—2022 年）

2021 年，微博股份有限公司正式挂牌港交所。同期，微博持续开展"清朗行动"，深化落实网络文明建设相关要求，持续优化社区氛围环境。全站禁止低俗及侮辱性网络用语，让互联网社交平台不再成为失控、失管地带。

4．平稳期（2023年至今）

截至目前，微博依然保持着社交图文媒体的领先地位。随着2023年"直播元年"的开启，更多的流量偏向短视频与直播平台，微博平台的用户被短视频和直播平台分走了注意力。但是，微博平台仍然保持着其在舆论引导、舆情监控方面的优势，仍然是用户获取资讯和时事热点的重要渠道。

3.1.3　微博的价值与机遇

随着微博的迅猛发展与不断迭代，诸多全新机遇正逐步涌现。尤其是新浪微博上市之后，更给足了诸多用户全新的遐想空间，其基本表现在以下几个方面。

1．打破沟通壁垒，快速连接

新浪微博超强的社交属性和几乎无门槛"看到感兴趣的发言就可以直接留言评论"的交流方式，给不同城市不同行业的人群搭建了沟通的桥梁。在微博上，用户不仅可以查看名人的账号，还可以搜索感兴趣的内容和博主。微信朋友圈内容只能对用户的好友开放，非好友则无法查看内容。微博则放开用户连接的限制，用户可以查看全平台的公开内容，并与全平台所有开放评论、私信功能的其他用户连接。

2．充分展现个体价值

在博客时代，只有擅长撰写长文章的博主才有机会输出有价值的内容并受到站内人的关注和喜爱，这在无形之中提高了创作者的创作门槛。而在微博时代，短短140多个字+图片的发布方式，给足了创作者表达空间，也降低了创作门槛。让更多不擅长写长文章、文化程度没那么高的人群都拥有了快速表达的通道，这在过去的博客时代可谓颠覆性的存在。此外，微博还首次将粉丝价值进行了量化，利用微博粉丝通等营销工具，让新媒体内容平台拓展出成熟的粉丝变现模式。

3．舆情窗口，资讯速递

新浪微博以传统老牌新闻门户网站的天然资源，抓住了信息的先发优势。无论是明星的公开发声还是新闻事件主人公的动态表达，抑或是突发事件的动态结果，都可以通过微博被快速传播和讨论。这让"上微博热搜约等于出圈"的概念深入人心。

> **课堂讨论**
>
> 请简述微博平台的发展历程。

3.2　微博的推荐机制

微博去中心化的推荐机制使各种不同类型的资讯都能被快速获取和分享，政府、企业、机构早已把微博视为信息发布、舆论引导、品牌推广的重要渠道。了解微博的推荐机制，有利于在新媒体平台的运营过程中有的放矢地布局和应用微博平台。

3.2.1 微博常见的推荐机制

微博的推荐机制中最为突出的是榜单推荐、订阅推荐、频道推荐，新媒体运营者在策划宣传与推广活动时，可以将这3种内容推荐机制叠加应用。

1. 榜单推荐

微博平台专门开设了热搜榜单功能，让一定时间内平台讨论热度最高的资讯能被单独呈现，加速信息的进一步传播，"微博热搜"即是在这一机制下推出的重要功能板块。

从移动端打开微博App，点击主页下方菜单栏中的"发现"按钮，即可跳转至"微博热搜"榜单页面，如图3-1所示。

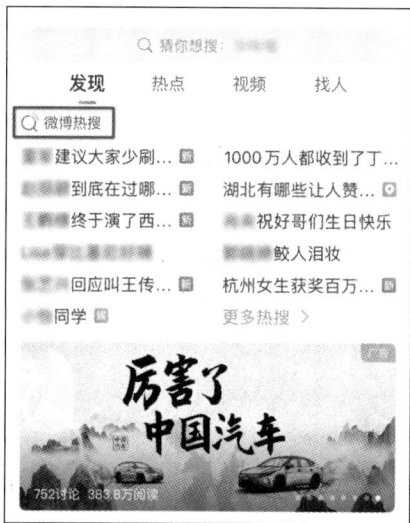

图3-1 "微博热搜"榜单页面

在"微博热搜"榜单页面中，除了能看到实时热搜新闻/事件外，还能分门别类地观看"我的热搜榜"（根据用户平时在微博内的搜索习惯生成）"文娱热搜榜""要闻热搜榜""视频热搜榜""同城热搜榜"等细分榜单。这些榜单既满足了不同用户的兴趣偏好，又照顾了单个用户的日常搜索习惯、关注习惯。

2. 订阅推荐

用户在微博平台可以"@"任意一位已在微博上注册的其他用户，这种零门槛的社交设置让普通用户也可以快速触达和关注在现实生活中较难触达的知名人士、权威专家等。除了泛泛浏览内容外，用户还可以关注感兴趣的账号，订阅所关注账号实时发布的内容。订阅机制可以帮助用户长期、持续地浏览自己感兴趣的内容，增强用户对平台与所关注账号的黏性。

3. 频道推荐

微博保持着原有老牌门户网站的频道推荐机制，在推荐页面遴选美食、音乐、影视、旅游、体育等多个频道下的优质创作者，并将其创作的高互动内容推送给用户。这样就给了优质创作者足够的展示空间。内容只要足够优质就能被展示，而用户看到后也可以点击关注并持续追随与阅读感兴趣的内容。

3.2.2　微博推荐机制的作用

榜单推荐、订阅推荐、频道推荐三重机制的叠加，不仅能够让平台用户从"自身感兴趣的事件/内容""世界正在发生的热点新闻""优质创作者发布的高互动内容"3个维度观望世界，还能够为优质创作者的"出圈"提供更多机遇。而这样的机遇一般表现在以下4个方面。

1. 加速信息传播

微博平台通过榜单推荐，将一定时间内讨论热度最高的资讯单独呈现，从而加速信息的进一步传播。这种机制使得用户能够快速获取到最新的资讯，同时也能够促进用户之间的交流和互动。

微博平台极低的创作门槛让突发事件的传播、发酵变得迅速。一个事件刚发生时，广大网友或知情人士即可立即随手拍摄并附上百十来字，实时更新前沿动态或是填补空缺信息。这样，平台用户即可从多账号多角度快速掌握一手资讯及动态变化信息。

2. 满足用户兴趣偏好

微博平台的订阅推荐机制允许用户关注其他已注册用户的账号，以便长期浏览自己感兴趣的内容，增强用户对平台和所关注账号的黏性。这种机制能够满足不同用户的兴趣偏好，为用户提供更加个性化的服务。

3. 提供多维度内容选择

在"微博热搜"榜单中，除了实时热搜新闻/事件外，还有话题榜、文娱榜、要闻榜等细分榜单。这样，用户就能够根据自己的需求选择不同的内容进行浏览。

4. 影响舆情

很多品牌、企业、权威机构、知名人士会将自己的微博进行实名认证，在一些突出事件、重要社会议题受到广大用户关注和热议时，第一时间发布权威信息和专业见解。尤其是企业、机构、名人遭遇舆情事件时，可以利用微博的推荐机制公开发声，以此达到澄清事实真相、引导舆论方向的作用。

课堂讨论

你平时会通过微博平台浏览哪些内容？

3.3　微博的内容类型及创作技巧

微博的内容包含文字、图片、视频等多种形式，虽然微博也搭建了直播功能板块，但受用户习惯影响，用户目前在微博上浏览更多的还是图文和短视频形式的内容。个人和企业可以通过创作和发布合适的内容，实现"涨粉"、产品销售、扩大品牌影响力等运营目标。

3.3.1　微博的内容类型

微博的内容类型呈现出"百花齐放，百家争鸣"的状态。因运营目标不同，个人用户和企业用户所输出内容也不尽相同。常见的个人用户和企业用户输出内容有以下几种类型。

1. 个人用户输出内容

个人用户是指由一个人来运营的账号，或建立的人设是一个有血有肉的、鲜活的人的账号。例如，每名个体自己创建微博账号即是个人用户。企业或组织帮助艺人创建的专属于艺人自己的账号也是个人用户，这样的账号是以艺人的名义发声，不过内容往往由背后的团队精心策划，审核通过后再发布。个人用户输出的内容类型大致分为以下 4 种。

（1）生活日志型

生活记录是个人用户最常分享的内容，就如同日志一样。每天或随时记录自己的生活片段，这也是知名人士塑造自己"接地气"人设的方式。许多知名人士会在微博平台做日常工作和生活内容的分享。

（2）心情表达型

除了分享自己的经历和体验，个人用户也喜欢分享自己的所思所感。这些内容是用户情绪的表达，也是用户寻求认同的心理表露。他人的鼓励、赞美或其他共鸣式互动很容易刺激个人用户继续创作此类内容。

（3）热点评述型

由于新浪微博老牌门户网站的地位，很多新闻评论员、博客创作者迁移至微博平台，针对当下热门的新闻或事件，继续创作专业的新闻评论类内容。除专业人士外，普通用户也能加入新闻评述或事件信息补充的行列中，推动各类热点内容不断升温、扩散。

（4）一键转发型

微博平台的用户可以对自己感兴趣的内容进行转发。无论是怎样的内容类型，用户都可以一键转发，在转发的过程中，用户也可以发表自己的见解。这样，其他用户看到该用户的转发之后，若想要表达，也可以加入转发的行列中来，进而形成广泛讨论，如图 3-2 所示。

图 3-2　一键转发型微博内容

2. 企业用户输出内容

企业用户一般是指由某个企业、社会组织或团体所创建的账号，其所发布的内容往往代表这个账号背后组织的观点和态度。这样的账号多用于企业形象建设、舆情引导和与用户互动，其所发布内容的常见类型如下。

（1）信息告知型

很多企业会在微博中发布一些最新动态、服务或产品信息，以便平台用户能够及时接收到消息，及时参与、体验服务。

企业在经营过程中难免遇到一些负面情形，相关的负面消息一旦传播和扩散，就容易对企业的声誉造成影响。很多企业也会将微博平台作为危机公关的重要平台之一，会在第一时间通过实名认证的微博账号公开发布官方消息，将事情的真相公开告知，让更多人了解事情原貌、以正视听。

（2）品牌活动型

很多企业也将微博平台视作营销推广自己产品和服务的平台。在发起重要活动前，企业会在其官方微博下通过发起评论、转发、@其他用户等形式开展抽奖活动。这种方式既能对活动进行宣传，又能吸引原有粉丝持续关注及新用户关注。图3-3所示为淘票票官方微博发布的"说观影感受，转发+评论，送小礼物"的品牌活动，用于宣传最近上映的电影。

图 3-3　淘票票官方微博发布的品牌活动型内容

（3）互动交流型

互动交流型微博内容以和用户即时互动、沟通为主，使用一问一答的形式。在沟通当中，用户能够深刻感受到企业账号的"人味"，进而感受到企业的调性。企业也能在问答互动中吸引更多的对企业感兴趣的意向用户。例如，微博账号"故宫淘宝"发布了一条询问关于"夏"的诗句的微博，许多用户在评论区进行了回答和互动，如图3-4所示。

图 3-4　微博账号"故宫淘宝"发布的互动交流型内容

3.3.2　微博内容的创作技巧

虽然微博用户每天都会创作各种类型的内容，但微博内容创作的技巧是相通的。只要抓住创作技巧，便不难创作出受人喜爱的微博内容。在一般情况下，微博内容创作可运用以下 4 个技巧。

1. 简单明了

运营者在进行微博内容创作时，一定要在开篇就点明主旨，阐明这一内容是围绕何事展开的，并给出观点，便于用户快速判断其是否为自己感兴趣内容。

创作能激发用户对不清楚内容的好奇心，以及对美好生活状态、良好效果的期待之情，也能吸引用户关注和阅读内容。图 3-5 所示为关于书法技巧的短文案内容，在讲述行书书写技巧前，运营者先在文案开头点明了一种良好的效果——让您的孩子多才多艺。当重视孩子教育的家长看到这条短文案时，很可能会被第一句话所吸引和打动，从而考虑让孩子学习书法。

图 3-5　关于书法技巧的短文案内容

2. 注重互动

微博是个社交平台，用户都喜欢互动，运营者可以通过提问、发起话题讨论、@其他微博用户等方式，让更多用户参与到互动中。例如，运营者可以使用微博中的"话题功能"，将热门话题的标题放在发布内容的开头或结尾。这种设置便于用户快速了解此内容的主题，也有利于通过带话题并与其他用户互动的方式提升内容的曝光度。图 3-6 所示为微博账号"腾讯微信读书"发布的内容，其在内容开头添加了#好书推荐##转发赠书#的话题标签，感兴趣的用户一眼就能领会这条微博的发布目的。

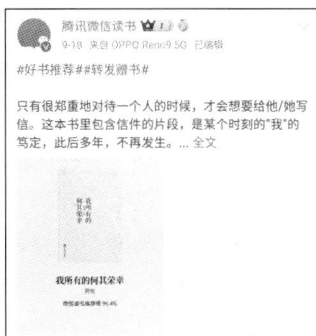

图 3-6 "腾讯微信读书"发布的内容

3. 关注热点话题

在微博这样的社交平台上，热点话题往往能够吸引大量的关注和讨论。因此，运营者需要时刻保持对热点话题的敏感度，并及时将自己的观点和创意融入其中。例如，当某个社会事件或娱乐新闻成为热门话题时，运营者可以从独特的视角出发，发表自己的见解和看法，或者创作一些与之相关的有趣内容，以增加内容被广大用户看到和转发的可能性，提升账号的影响力和知名度。根据我国传统文化，每年农历的二月初二被称为"龙抬头"（别名"春耕节"）。图 3-7 所示为 2024 年 3 月 11 日（农历二月初二）当天，"人民网"在微博上发布的追随节日热点的内容。

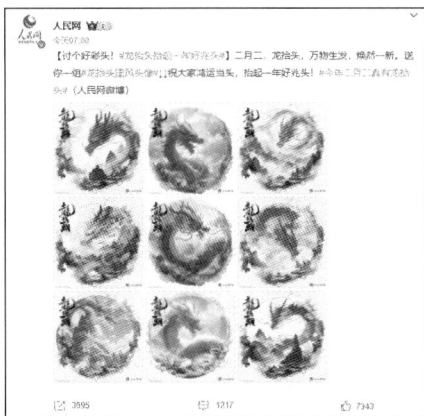

图 3-7 "人民网"发布的微博内容

4. 多媒体内容运用

在微博上，除了文字外，运营者还可以发布图片、视频等多种形式的内容。这些多媒体内容不仅能够丰富微博内容，使其更加生动有趣，还能够提升用户的阅读体验。运营者除了发布精美的图片、有趣的视频来表达创意、吸引用户注意力外，还可以借助表情包、GIF 动图等元素来增加内容的趣味性和互动性。

> **课堂讨论**
>
> 微博的内容创作技巧有哪些？你平时用得比较多的技巧是什么？

3.4 微博的运营模式

微博以其独特的社交属性，形成了成熟且多样的运营模式。作为信息发布和传播的重要渠道，微博通过短平快的内容形式，满足了用户在碎片化时间的消费需求。同时，借助知名艺人、大 V 等意见领袖的影响力，微博打造了众多热门话题和舆论场，实现了信息的高效传播和互动。这些特性不仅增加了平台的用户黏性，还为广告主提供了广阔的营销空间。

3.4.1 品牌赋能模式：多人设矩阵账号联动运营

很多企业和品牌为了从多角度展示自身的风貌及调性，会让普通用户在现实生活中难以接触到的创始人、高管等开通微博个人账号并发布内容、塑造人设，形成官方账号+重要人物个人账号联动运营的账号矩阵，从而让更多用户立体、全面地了解企业和品牌。

这种多人设矩阵账号联动运营模式的优势在于，企业和品牌可以通过不同的人物视角，针对同一重要事件，输出不同的内容，以满足不同年龄段和偏好的用户，从多个维度增加自身的影响力。

例如，生活综艺节目《向往的生活》栏目组就利用了这种运营方式，不仅创建了"向往的生活"官方账号，还分别为节目里的动物主人公"小 H""小 O""彩灯""锅碗瓢盆"等创建了微博账号，如图 3-8 所示。这些账号的运营者以动物主人公的语气和视角悉心经营、发布关于特定动物主人公的近期动态，基于大部分用户喜爱"萌宠"的心理，既在情感上与广大用户形成了绑定，又在内容上满足了不同电视观众想要近距离接触动物主人公、了解节目近期动态的需求。

图 3-8 《向往的生活》节目团队的微博相关账号

运营者在选择多人设矩阵账号联动运营方式时，要注意两方面的问题。

1. 官方账号：发布核心动态、话题讨论、展示产品/服务风采

在这样的账号矩阵中，官方账号既要确保呈现最新的品牌和产品动态，还要起到发起话题及引导讨论的作用，使用户容易理解官方账号与矩阵中其他个人账号的关联，将矩阵中的所有账号视为一个整体。

《向往的生活》微博账号运营者在发布节目预告时官方账号就直接@了相关嘉宾来进行宣传，在发布宠物小 H、小 O 日常片段时也主动@了对应角色的微博账号来进行互动。

2. 个人账号：突出角色个性、展现互补内容

矩阵下的个人账号与官方账号的内容应有所区别，并突出不同账号人设的性格特征。以《向往的生活》节目中的两条人气很高的小狗身份开通的账号属于节目组微博运营账号矩阵中的两个子账号。在拥有"独立人设"的子账号中，运营者可以小狗的口吻发布内容，展现小狗的个性，吸引喜爱小狗的用户关注。子账号之间还可以进行互动，增加账号间的趣味性和和谐感。小狗小 H 的微博账号在发布日常内容时，会不时地@另一只高人气小狗小 O 的账号，如图 3-9 所示。

图 3-9 "向往的生活"微博矩阵子账号之间的互动

在账号矩阵中，官方账号发布的资讯、公告与个人账号发布的个性内容可以有效地互补，帮助企业和品牌在用户心中形成真实、亲民的形象。

3.4.2 话题营销模式：制造话题激发全平台讨论

话题营销在微博平台运营中是一种极为有效的策略，它通过创造和参与热点话题，激发用户参与和讨论，进而提升品牌知名度。

1. 话题识别与时效性

话题营销的第一步是识别和选择与品牌相关且具有时效性的话题。这些话题可以是节日、特殊事件、社会热点或流行文化现象。运营者需要迅速反应，将品牌与话题结合起来，创造出相关性强、时效性高的内容。时效性话题也被称为"热点"，其内容主要包括以下4 类。

（1）节日

节日和纪念日是常见的时效性话题。品牌可以利用这些特殊日子，结合自身产品或服务的特点，创造出富有节日氛围的内容。例如，春节期间，一家食品品牌发起#团圆饭桌上的美味#这一话题，鼓励用户分享他们团圆饭的故事和照片，同时展示品牌产品如何成为节日庆祝的一部分。

（2）特殊事件

特殊事件，如体育赛事、颁奖典礼、重大会议等，也是具有时效性的话题。品牌可以围

绕特殊事件，发布相关内容，与用户共享盛事。例如，在世界杯期间，体育用品品牌可以创建#为胜利呐喊#话题，邀请用户分享他们支持的球队和观赛体验。

（3）社会热点

社会热点通常能引起广泛的公众关注和讨论。品牌可以通过对社会热点的正面回应，展现品牌的社会责任感。例如，面对环保问题，户外装备品牌可以发起#绿色出行，从我做起#话题，鼓励用户分享他们的环保出行经验，并向用户展示品牌如何支持可持续发展。

（4）流行文化现象

流行文化现象，如热门电影、电视剧、音乐、"热梗"等，也是具有时效性的话题。品牌可以巧妙地将这些流行元素融入营销内容中，吸引年轻用户的注意。例如，当一部热门科幻电影上映时，科技产品品牌可以创建#探索未知，科技同行#话题，将产品与电影中的科技元素相结合，激发用户的兴趣。

2. 话题标签的设计与传播

一个精练且有吸引力的话题标签是话题营销成功的关键。话题标签不仅要易于理解和记忆，还要能够激发用户的好奇心和参与欲。设计好话题标签后，运营者需要通过品牌官方账号、合作伙伴、KOL 等渠道对话题标签进行传播。

（1）关键词研究

在设计话题标签前，进行关键词研究是必不可少的步骤。运营者需要分析目标用户的搜索习惯、热门话题和流行趋势，找出与品牌相关的关键词。这些关键词可以是品牌名称、产品特性、活动主题等。

（2）标签创意与设计

话题标签应简洁明了，易于传播和记忆。同时，标签应具有一定的创意性，能够激发用户的好奇心和参与欲。例如，某手机品牌发布新款手机时，可以以#最美日落摄影打卡#作为话题标签，既体现产品摄像功能强大的特点，又激发用户捕捉美好景色的欲望。

（3）内容创意与多样化

除了标签本身要具有创意外，运营者还需要创造有创意、多样化的内容来吸引用户。内容可以是图文、短视频、直播、故事等多种形式，关键是要与话题紧密相关，能够引起用户的共鸣和兴趣。

3. 跨平台传播

话题标签的传播不应局限于微博平台，而应跨足其他社交媒体平台，如微信、抖音、小红书等。在不同平台中，根据平台特性和用户习惯，运营者应采取不同的传播策略。例如，在微信朋友圈中通过分享带有话题标签的文章进行传播，在抖音中通过发起挑战或合拍视频的方式进行传播，从而形成整合营销，扩大话题的影响力。

同时，根据不同的传播渠道和内容形式，运营者可以适当调整话题标签的形式，增加多样性。例如，在图文内容中使用完整的话题标签，在短视频中使用简化版或缩写版话题标签。

4. 与合作伙伴和 KOL 联动

与合作伙伴和 KOL 联动是提高话题标签传播效果的重要手段。运营者可以邀请合作伙伴和 KOL 使用话题标签发布相关内容，利用他们的影响力扩大话题的传播范围。例如，某时尚品牌在推广新季服装时,邀请了多位时尚博主和设计师使用#新季风尚由你定义#话题标签分享他们的穿搭心得。

5. 广告投放与推广

为了提高话题标签的曝光度,运营者可以在微博等社交媒体平台上投放广告,推广话题标签。广告形式可以多样,如开屏广告、信息流广告、横幅广告等。同时,可以设置一定的激励机制,鼓励用户使用话题标签参与讨论。运营者可以通过提问、投票、有奖互动、用户故事征集等方式激发用户的参与热情。此外,运营者应及时回应用户的评论和反馈,以增强用户的参与感。

6. 风险控制与舆论引导

话题营销可能会带来一定的风险,如话题偏离预期方向、负面舆论的产生等。运营者需要对这些风险进行评估和控制,确保话题讨论的方向和内容符合品牌形象。同时,运营者需要密切关注舆论动态,及时引导舆论,防止负面信息的扩散。

3.4.3 微博出圈模式:"两微一抖"跨平台运营

企业在做新媒体营销与运营时,会用到"两微一抖"模式,即以视频平台抖音获客、以微博打造品牌形象、以微信公众号作为用户留存的运营模式。这种运营模式能够帮助企业打破原有的流量壁垒,通过流量更大的抖音获取更多意向用户,同时在微博新媒体平台全方位树立品牌形象,让意向用户离自己更近,最终到微信公众号进行用户留存和持续运营,从而形成从引流获客到老客户运营和维护的持续闭环增长。

知名化妆品牌韩束在早期就采用了这种运营方式,将微博、微信、抖音官方账号的运营集于一体。图 3-10 和图 3-11 所示分别为韩束品牌的抖音和微博官方账号主页截图,经过持续运营,两个账号分别收获上百万和几十万粉丝。

图 3-10 韩束抖音官方账号主页截图

图 3-11 韩束微博官方账号主页截图

企业选择"两微一抖"跨平台运营方式时需要注意以下 3 个方面。

1. 微博:发布即时动态+侧重互动

作为发声通道,微博不仅起到树立品牌形象的作用,还是企业直接和外界沟通的桥梁。因此,运营者应保证微博内容的即时性,及时发布品牌动态,针对有关品牌的话题和活动都要主动@相关微博账号,从而扩大内容的传播范围,吸引关注相关微博账号的用户参与互动。

例如，韩束品牌在做品牌活动时，选择主动@友商来促成话题的发酵和传播。

2. 抖音：持续直播+短视频输出

运营者可以采用"持续直播+短视频输出"的运营方式。这样不仅能通过短视频展示产品及其功效，吸引更多新用户的关注，还能通过直播吸引更多用户的关注和付费。例如，韩束抖音官方账号的简介中显示账号直播时间为"全天24小时"，一方面这样的安排便于运营团队持续获取和分析直播间数据，实现直播内容的持续迭代，另一方面足够的直播时长和稳定的直播频率能让账号得到抖音官方的流量扶持。

3. 微信公众号：侧重服务功能

运营者将意向用户吸引至微信公众号后，还需要进行持续的运营。企业可以实行会员制，吸引用户关注微信公众号并领取会员身份和福利。领取会员身份的用户即可在购买品牌产品时享受一定的优惠或增值服务，如会员免费注册、会员福利领取、产品防伪查询等。这些功能与服务均可设置于微信公众号的菜单功能中。韩束品牌就在自己的微信公众号的菜单中设置了"防伪查询"功能，供用户自主查询所购产品的真伪，如图3-12所示。

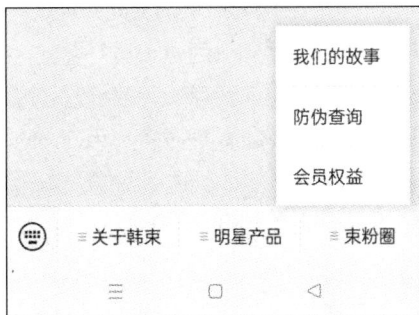

图3-12　韩束品牌的微信公众号菜单栏

企业还可以通过公众号推送品牌近期的动态信息和最新优惠活动信息，方便用户及时获知优惠信息。企业为用户提供的服务越细致和周到，用户对品牌的好感度也就越高。

课堂讨论

微博的常见运营模式有哪些？你还知道哪些使用微博进行产品营销的案例？

思考与练习

请你制定一份微博的平台运营方案。方案内容需包含账号定位、内容类型与发布策略、账号设置、竞品账号数据分析等内容。可以尝试使用AIGC工具帮助你完成方案的制定。

PART 04

第四章
微信公众号运营

学习目标
- ➢ 了解微信公众号的发展历程。
- ➢ 了解微信公众号的推荐机制。
- ➢ 掌握微信公众号的运营策略和运营模式。

素养目标
- ➢ 把握新媒体发展趋势，促进数字经济创新。
- ➢ 提高内容质量，推动内容精品化战略。
- ➢ 打造品牌形象，助力国家品牌建设。

微信公众平台也称"微信公众号"，是腾讯公司推出的为企业、组织和个人提供信息发布、互动交流的服务平台，于 2012 年 8 月 23 日正式上线。依托微信这个巨大的流量池，自上线之日起，微信公众号便引起众多企业的关注和重视。

4.1 微信公众号概述

在飞速成长的十余年间，微信公众号功能逐渐丰富，历经多次迭代，已经成为集服务号、订阅号于一体，企业及个人创作者均可撰写内容、输出见解的综合性内容平台。

同时，微信公众号商业化探索也日趋完善。其商业模式从最初的零商业化，逐渐发展出多种变现方式，包括内容付费、广告、电商、本地生活、金融、开发服务等，形成涵盖多维度的商业体系。

4.1.1 微信公众号的发展历程

自诞生以来，微信公众号经历了多次迭代和创新，平台运营团队不断完善其功能和规则，微信公众号也吸引了数以亿计的用户和运营者，形成了一个庞大而多元的内容生态。其发展历程可总结为以下 4 个阶段。

1. 萌芽期（2012 年—2013 年）

2012 年 8 月，微信团队正式推出微信公众平台。在 2012 年—2014 年，微信公众号的发展主要集中在产品框架搭建和功能完善方面。由于微信已经积累了庞大的用户群体，微信公众号一经推出就吸引了众多企业和个人的关注。这一阶段的微信公众号功能相对单一，内容以文字和图片为主。

2. 扩张期（2014 年—2015 年）

随着用户基数的扩大，微信公众号的角色开始转变。2014 年，自定义菜单功能推出，微信公众号开始提供更为丰富的服务和互动。这一阶段，大量企业和自媒体涌入，微信公众号内容开始呈现多样化，从简单的信息发布到深度内容、互动服务等多种形式。微信公众号成为企业和自媒体进行内容创作和品牌推广的重要阵地。

3. 成熟期（2016 年—2018 年）

经过前期的积累，微信公众号进入全面成熟期。这一阶段，微信公众号数量趋于稳定，但质量成为竞争的关键。部分优质内容创造者脱颖而出，形成了具有影响力的头部账号。平台对于原创内容的保护和推荐机制的优化，使优质内容得到了更好的传播。同时，微信公众号与小程序的结合为用户提供了更为便捷的服务体验，进一步巩固了微信公众号的地位。

4. 稳定期（2019 年至今）

微信公众号的发展逐渐进入平稳期。尽管增长速度放缓，但微信公众号已经形成相当成熟的生态。头部账号的影响力持续扩大，而中小企业和个人账号也在细分领域找到了生存空间。平台不断推出新功能，如视频号、付费阅读等，为微信公众号运营者提供了更多的可能性。同时，随着微信支付的普及，微信公众号商业化进程加速，形成了广告、付费内容、电商等多种盈利模式。

4.1.2 微信公众号的主要类型

微信公众号主要分为订阅号、服务号、小程序、企业微信 4 种账号类型，如图 4-1 所示。

图 4-1　4 种账号类型示例

1. 订阅号

订阅号是微信公众平台的一种常见账号类型，主要为用户提供信息和资讯。它的功能类似于报纸和杂志。订阅号一天内可群发一次消息。在发送消息给用户时，用户不会收到即时消息提醒，而消息会被放入订阅号文件夹中。订阅号适用范围较广，适用于个人、媒体、企业、政府或其他组织。

2. 服务号

服务号为企业和组织提供强大的业务服务与用户管理能力，主要偏向服务类交互，具有更多互动功能，如设置互动菜单，供用户选择使用。服务号 1 个月内可发送 4 条群发消息。推送的消息会直接显示在好友对话列表中。由于交互服务的性质，服务号更适合媒体、企业、政府或其他组织使用。

3. 小程序

小程序是一种不需要下载安装即可使用的应用，用户扫一扫小程序二维码或通过微信小程序页面搜索相关应用名称即可打开小程序，并进行快捷地使用和传播。小程序能够为企业、政府、媒体、其他组织或个人的开发者在微信平台上提供更深入、更丰富的交互功能。

4. 企业微信

企业微信原称"企业号"，是微信提供的专业办公管理工具，拥有与微信一致的沟通体验，提供丰富且免费的办公应用，并与微信消息、小程序、微信支付等互通，可助力企业高效办公和管理。

4.1.3　微信公众号的价值与机遇

经过多年发展，微信公众号已逐步形成了一套成熟、完整的运营体系。其价值与机遇体现在以下 3 个方面。

1．背靠微信，红利互通

微信超大的用户基数为微信公众号提供了天然的用户群体。利用微信的用户流量和社交属性，微信公众号可以获得更多的曝光和传播。微信公众号还可以接入微信的各种功能和服务，如微信支付、小程序、直播、视频号等，使用户的使用体验更丰富。同时，微信公众号可以与包括微信读书、微信看点在内的其他微信产品和平台互通，共同实现更多的价值与变现。

2．强关系传播，可信度更高

微信公众号的强关系传播是指基于微信这一社交平台，利用用户的社交关系网，实现微信公众号内容的口碑推荐和裂变。

微信公众号主要采用订阅机制，通过用户主动关注与订阅，建立用户黏性和忠诚度。除此之外，其"看一看""转发到朋友圈"等扩散机制也为内容传播提供了更多可能。微信公众号还会根据内容质量、用户偏好与浏览记录，主动向用户推荐其可能感兴趣的内容。基于这一强关系传播机制，有实力的企业、个人能够迅速提高影响力，大大节省获得用户信任的时间，进而加速商业化进程。

3．功能全面，操作便利

对运营者而言，微信公众号是一个功能齐全、成熟高效的平台，为商业变现活动提供了高效的手段。在内容生产方面，微信公众号提供图文、视频、直播等多媒体呈现方式；在后台管理上，微信公众号允许运营者在后台对用户进行标签分类，实现更高效的用户分层运营和精细化管理。此外，开放平台和开发接口的推出大大拓展了微信公众号运营的空间和可能性。企业或品牌可基于这些接口进行二次开发，使微信公众号更好地服务于商业需求，实现与其他系统的顺畅对接。

课堂讨论

说一说，你最喜爱的微信公众号是哪个？你喜欢它的原因是什么？

4.2 微信公众号的推荐机制

相较于其他内容平台，微信公众号的推荐机制具有显著特色，微信公众号是围绕"熟人关系"进行内容推送的。

4.2.1 微信公众号的主要推荐机制

微信公众号的推荐机制主要包括以下 3 种。

1．订阅推荐

订阅推荐指用户主动关注并订阅微信公众号后，微信公众号更新的内容都能被持续推送给该用户。

关注微信公众号领取福利或资料是品牌进行微信活动的常用方式，很多用户也是通过这种方式关注相应公众号的。不过，这种被动订阅的方式后期如果得不到合适的运营，不能让用户对公众号内容产生兴趣，仍然很容易流失用户。除此之外，很多用户是因为在不同渠道阅读了微信公众号的推送内容，对内容及账号本身产生兴趣，从而主动订阅。此类用户对于微信公众号及其所属的品牌和企业抱有较高的好感度和信任度，这更利于后期的用户留存与转化。

2．算法推荐

2020 年，微信将算法推荐机制进一步引入微信公众号。引入算法推荐机制后，微信订阅号消息列表显示不再简单地按照微信公众号内容发布时间的先后排序，而是基于用户的搜索习惯和兴趣偏好进行内容推荐，如图 4-2 所示，其目的是让用户更容易看到自己常看的、想看的内容。

图 4-2　平台算法推荐的"非订阅号"内容

3．社交推荐

社交推荐指微信根据用户的好友关系和社交行为，对微信公众号文章进行推荐，让用户能够看到自己的好友在看、分享、点赞的内容，增加用户的社交互动和内容发现。这种方式可以提高用户的信任度和参与度，也可以让微信公众号内容得到更多的裂变和传播机会。用户可以通过"在看"板块查看微信好友读过的内容，如图 4-3 所示。

图 4-3　微信"在看"板块中的"朋友读过"标记

4.2.2 提升内容推荐指数的技巧

在微信公众号当前的推荐机制下，常读用户数成了一个非常核心且重要的推荐指标，因为常读用户数代表的是一段时间内真正喜好某一微信公众号内容的用户数量，是该微信公众号真正的流量。运营者可以从以下 5 个方面开展运营，从而提升微信公众号的内容推荐指数。

1. 坚持发布优质原创内容

持续更新优质原创内容的微信公众号更容易获得算法机制的推荐。同时，运营者需要注意内容的"内外兼修"，即注重图文排版及标题、封面的设计。

2. 引导用户持续阅读

运营者可以引导用户在一段时间内连续阅读自己运营的微信公众号内容，使自己的微信公众号成为用户的常读订阅号。具体而言，运营者仍需要从内容着手，有规律地发布高质量"干货"连载文章，同时加强活动运营，用各种福利激活粉丝，提高常读用户的比例。

3. 引导用户设置星标

运营者可以提醒用户将自己的订阅号设置为星标，从而提高自己微信公众号的权重。

4. 重视社群运营

运营者要重视微信公众号社群的运营，把优质文章发到"铁粉"群，引导"铁粉"针对内容进行互动讨论、点赞转发，从而提高文章被推荐的概率。

5. 引导用户点击"在看"按钮

运营者要引导用户在读完文章后点击"在看"按钮，这样文章就有可能获得更多用户的"在看"或评论。例如，某用户没有关注某微信公众号，但这名用户的多个好友都和该微信公众号或其中的某篇文章进行了互动，则该微信公众号及该篇文章很有可能会激发平台的算法推荐机制，更容易被推荐给这名用户，从而提高该微信公众号的活跃度和该篇文章的阅读量。

> **课堂讨论**
>
> 假如你发布了一篇微信公众号文章，你会通过哪些方式让这篇文章得到快速传播？

4.3 微信公众号的运营策略

无论是企业还是个人，要想做好、做大、做强自己的微信公众号，就必须了解基本的微信公众号运营策略。

4.3.1 微信公众号的定位

进行微信公众号运营，找准定位是关键。运营者找准适合自身发展、符合自身形象的微信公众号定位后，才能确定辐射用户面，形成品牌效应，实现运营目标，从众多微信公众号中脱颖而出。

想一想

下列对"定位"的理解，你认为哪个是正确的？
A. 同行业的人怎么定位，我就怎么定位
B. 内容有特色就是定位
C. 娱乐化才是王道
D. 企业官方微博的定位就是企业微信公众号的定位

以企业的微信公众号为例，要做好微信公众号的定位，运营者至少要有以下3个方面的认知。

1. 企业需求分析：企业到底想要什么

企业对微信公众号的期待可能有千千万万，但总结下来，常见的无非是以下4类需求。

（1）关注

关注一般指微信公众号的粉丝关注数量（用户量）。企业要求微信公众号通过内容传播及运营手法增加用户量，从用户身上获得直接或间接的商业回报。

（2）传播

传播一般指微信公众号推送文章的阅读量，通过发布高质量的图文或视频内容，提高企业品牌的曝光量或提升企业品牌的公关形象。

（3）互动

互动一般指转发、评论、点赞、收藏的数量。新媒体和传统媒体之间最大的差异体现在即时性和互动性上。企业通过微信公众号平台与用户进行互动，缩短了与用户之间的距离，增强了用户黏性。

（4）销售

销售一般指通过微信公众号带来的产品转化。企业要求通过微信公众号上的内容或活动引导用户直接产生购买行为，给企业带来收益。

运营者只有明确了企业需要什么，才能确定运营目标，进而在复杂的运营系统中牢牢抓住核心，做到有的放矢。

练一练

学生会、学生社团、学校超市、校团委这几个组织要运营微信公众号，分析它们的运营需求分别是哪些。请将你的答案填入表4-1。

表4-1　不同组织的不同运营需求

组织	运营需求
学生会	
学生社团	
学校超市	
校团委	

2. 用户精准画像：微信公众号想要吸引什么样的人

做好用户精准画像是指运营者要熟悉目标用户群体，根据他们的年龄区间、性别、职位、社会层次、收入水平、受教育程度、具体需求等因素，设计微信公众号的功能特色、服务模式、推送风格等，进而打造品牌形象，实现运营目标。

运营者可以从以下几个角度进行用户画像。

（1）客观显性属性

客观显性属性是完全客观的用户资料，包括地域、性别、收入、年龄、受教育程度、行业特征、产品使用场景等。

运营者可以借助微信公众平台的"用户分析"功能描绘用户画像。"用户分析"中的"用户属性"展示了用户的人口特征、地域归属、访问设备等信息，运营者通过这些数据可以对用户的基本情况进行判断。

此外，运营者还可以通过"自动回复"里的"被关注回复"来获取用户信息。例如，微信公众号"求职奶爸"是一个关于大学生求职的微信公众号，他们的"被关注回复"会提醒用户回复"学校+入学年份"，并以此给用户打标签和分组。长期下来，该微信公众号的运营者就可以看到用户的年级分布和学历分布，如图 4-4 所示。

图 4-4　微信公众号"求职奶爸"的"被关注回复"内容及后台设置

如果你想做一个与本地美食、玩乐相关的微信公众号，吸引年轻人，并通过与当地旅游机构合作、售卖关联周边产品等方式进行变现，那么该微信公众号的用户画像是怎样的？请将你的答案填入表 4-2。

表 4-2　与本地美食、玩乐相关的微信公众号的用户画像

属性	用户画像
地域	
性别	
收入	
年龄	
受教育程度	
行业特征	
产品使用场景	

（2）主观隐性属性

主观隐性属性是群体的个性化标签，是主观的群体特点，如爱好、习惯、圈层、文化等。这部分属性需要运营者与用户深入接触才能了解。

例如，新媒体团队的一名运营者在微信公众号创立初期添加了前 100 个关注者的个人微信，与他们进行深入聊天，观察他们的朋友圈，总结他们的特征，了解他们的需求，这也不失为一种有效的用户画像获取方法。

（3）平台价值属性

在信息爆炸的时代，用户关注一个微信公众号，往往会期望从中获取以下四大价值。

① 有用。用户希望得到工作、生活中所需的资讯或服务，包括工作需要（如职场攻略）、生活需要（如美食推荐）、社交需要（如好友排名、身份标签）、物质需要（如优惠券、积分折扣、抽奖活动）等。

② 有趣。不论是传统意义上的新闻发布，还是社会热点话题的讨论，用户都更乐于接受轻松幽默的呈现方式。

③ 共鸣。很多社会性话题容易引起大规模用户的共情，也有很多专业性的话题容易引起垂直行业内相关人员的共情。人人都有感性的一面，公众号运营者要捕捉和洞察用户的深层情感需求。

④ 参与。在移动互联网时代，用户已经从被动接受信息变成了主动生产信息，不再简单地满足于内容单向推送，而是渴望表达和对话。因此，各大社交平台都开通了评论、转发等功能，甚至出现了不少"评论区更精彩"的现象。

3. 寻找两者交集：企业需求与用户画像的交集

想一想

> 一个微信公众号应该如何寻找让用户留下来的理由呢？

一般而言，企业需求和用户画像的交集即为核心的定位参考，如图 4-5 所示。因为这个交集既能满足用户属性，为用户提供价值，又能满足企业的需求与运营目标。唯有寻找到两者的交集，企业的公众号运营才能步入正向循环。

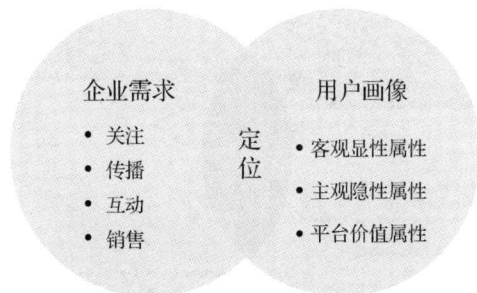

企业需求
- 关注
- 传播
- 互动
- 销售

定位

用户画像
- 客观显性属性
- 主观隐性属性
- 平台价值属性

图 4-5　企业需求与用户画像的交集

例如，微信公众号"秋叶 PPT"通过实用的 PPT 教程获得大量的用户关注，而"胡辛束"通过有共鸣的故事与文字让很多用户购买文章中附带推广的产品。

需要注意的是，寻找定位有时候不是一蹴而就的事情，而是需要不断地摸索与改进的。例如，微信公众号"深夜发媸"在一开始的定位并不明确，其运营者以自己独特的风格来持续输出。经过一段时间的运营，运营者发现自己的内容吸引到的多是追求精致生活的年轻女性。于是，在保持账号风格不变的基础上，该账号的运营者开始推荐一些美妆产品并介绍美妆相关的知识，这些内容受到了粉丝的追捧，"深夜发媸"也由此逐渐找到了自己的商业盈利模式。

4.3.2 微信公众号的品牌运营

无论是企业还是个人，要想通过公众号打造品牌、扩大影响力，应从以下 3 个方面着手。

1. 适应性

企业如果想通过微信公众号扩大品牌影响力，就需要在原有品牌积累上围绕微信公众号的特点来重新设计，而不是把微信公众号当作一个新的推广渠道或者简单地在微信公众号运营中复制过去在其他平台上的运营经验。

例如，"科技每日推送"是一个科技生活类账号，原本在 PC 端和移动端已经拥有一批忠实的用户，也发布了很多不错的内容。开通微信公众号后，该运营团队认为，原来 PC 端和移动客户端的内容偏功能性，而微信公众号的内容需要更生活化。所以，他们在微信公众号推送的内容更加突出生活，这次转型的运营策略十分正确，账号成了知名的科技类公众号。

2. 系列化

系列化是强化品牌存在感的重要手段，反映在微信公众号中，就是推出周期性的固定栏目或形式。

（1）栏目和封面设计

运营者可以为公众号设置固定的栏目板块，同时为封面和标题设计统一的风格。例如，在标题的最前面或最后面注明栏目名称，用竖线隔开。若要树立个人品牌形象，栏目可以偏个人特色。例如，微信公众号"丁香医生"就长期设有"人体百科""健康日历"等栏目，并设计了固定的封面，如图 4-6 所示。

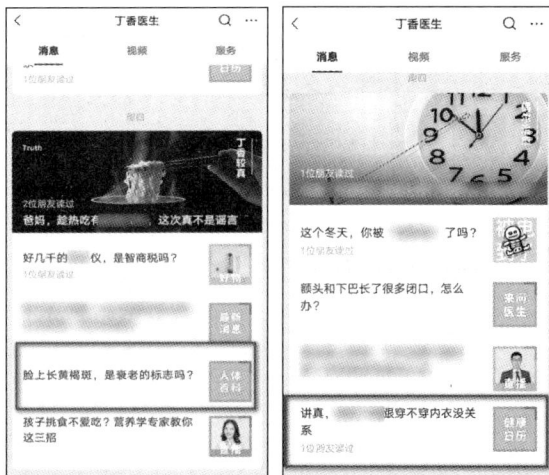

图 4-6 "丁香医生"常设栏目

（2）导航设计

运营者可以在文章开篇做一个导航条。例如，微信公众号"烧脑广告"在开篇的地方通过导航条颜色深浅的变化，让用户在阅读当天推送的内容时，不仅可以根据导航条了解所阅读内容属于哪个栏目板块，还可以据此了解公众号整体的栏目规划，如图4-7所示。

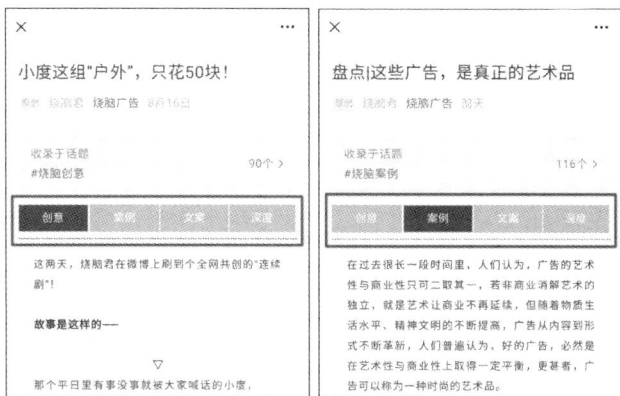

图4-7　"烧脑广告"导航设计

3. 视觉化

（1）配色选择

一般而言，运营者可以在图文中使用与企业或品牌相关的颜色。微信公众号也是企业品牌的一部分，是用户了解企业形象的重要入口，因此其颜色的使用不应该随意，而应该尽量与品牌保持一致。

（2）封面图风格

运营者可以通过在封面图中添加自己独特的标志来实现封面图风格的统一。当封面图的风格保持一致，重复使用之后就会形成品牌标志，用户看到它们就会想起该品牌。图4-8所示为微信公众号"胡辛束"的推送，在每日发布文章的封面图上都带有自己的微信公众号名称。

图4-8　风格统一的封面图

（3）表情包

在微信公众号的图文中经常需要表现喜怒哀乐等情绪，此时使用表情包不但最为直接，而且更受如今互联网年轻用户群体的喜爱。

更为重要的是，微信公众号有了品牌独有的表情包，就像贴了独特的标签，即使文章被其他不良机构"盗转"，这些标签也能被用户识别出来。

4.3.3 微信公众号内容创作技巧

运营者在进行微信公众号内容创作时，需要掌握一定的创作技巧。

1. 标题创作

标题是一篇公众号文章的点睛之笔，在很大程度上决定了文章的打开率，乃至后面的分享率。

有的文章内容很好，但标题平淡无味，导致打开率不高，而转载并优化标题后，转载文章却达到了"10万+"的阅读量，由此可见标题对于一篇文章的重要程度。那么，到底怎样才能写出吸引人的标题呢？

运营者可以参考以下几个标题创作技巧，以便写出具有吸引力的标题，从而提高公众号内容的点击率。

（1）抛出问题

抛出问题不是简单地将陈述句变成疑问句，而是发现用户隐藏的真正需求，在问句中暗示文章内容可以带来什么好处或解决什么问题。所以在高点击率的文章标题中，"什么""如何""为什么"等都是高频词，如"职场新人必读：为什么老员工不会来教我？"。

（2）结合热点

社会公众人物、热点新闻能引起用户的兴趣。运营者如果能够找到热点与自己账号定位的契合之处，适当引入热点，则很有可能在短期内获得大量的曝光，如"看×××救场，学如何应对突发危机"。

（3）对号入座

对号入座意味着击中内心，毕竟每个用户都有自己的痛点与渴望提升的方面，如情感烦恼、升职加薪等，用恰当的词语可以勾起用户的阅读欲望。例如，"PPT高手必备的10个'神器'，你知道几个？"，这一标题可以引起以下两类用户对号入座。

会熟练使用PPT的人：我自己就是个PPT高手，还有我不知道的"神器"吗？点开看看。

不会熟练使用PPT的人：正好我不太会使用PPT，是不是只要拥有了这10个"神器"，我就能成为高手啦？点开看看。

（4）善用数字

除了从用户心理出发外，运营者还可以用数字来增加标题的吸引力。例如，"90%的营销人写文案前犯的第1个错误"就比"大多数营销人写文案前都会犯的错误"更加直接明了。

常见的"必须关注的10个网站""必读的100本书""必会的20个技巧"之类的标题总能吸引大量用户。

（5）利用符号

符号并不是通常所说的标点符号，而是具有鲜明指向性的人名、事物名等。例如，把标题"互联网大佬都盯上了人工智能"换成"腾讯、阿里巴巴都盯上了人工智能",可以表达得更清晰、明确;再如,"张小龙谈产品设计的十大要素"这种以名人符号作为背书的标题在微信上的打开率都不低,因为一方面用户大多有从众心理,另一方面多数用户对成功人士的言行与故事感兴趣。

（6）巧设悬念

如果要点在标题里已经全部讲清楚了,用户点击查看文章的欲望便会大大降低,所以运营者可以尝试在标题中留下悬念,吸引用户点击查看详细内容。例如,看到标题"狼:团结是一种可怕的力量"时,用户基本能够猜出文章大概的论述方向与结论,但如果改成"为什么说狼可怕!只因简单的两个字",就可以起到吸引用户点击文章查看到底是哪两个字的效果。所以,文章标题要设置"好奇心的缺口",通过制造悬念,引起用户强烈的好奇。

无论采用哪种方式来优化标题,运营者均需谨记不可变成标题党,不要让标题与内容严重脱节。同时,在以名人符号为标题背书时,要谨防侵权。

2. 开头写作

公众号文章的开头作为文章内容的重要部分,决定了用户是否愿意继续阅读该篇文章后续的内容。一个好的文章开头可以迅速锁定用户注意力,激发用户的阅读兴趣,让用户想要继续读下去。

常见的公众号开头写作技巧有以下几种。

① 摘要开头,浓缩精华:用最短的语言提炼总结。

② 表明观点,亮出态度:有鲜明的主张、态度和观点。

③ 与你有关,对你有用:涉及用户的利益。

④ 描述痛点,戳中用户:文章解决了用户什么痛点。

⑤ 提出疑问,激发好奇:好奇心是人类共有的天性。

⑥ 引发共鸣,增加认同:击中用户感情深处的共性需求。

⑦ 直接说事,欲罢不能:第一句话就把用户带入具体场景。

当然,在实际写作过程中,很多公众号文章的创作者是将上述几种技巧综合使用的。图4-9所示为微信公众号"刘润"的一篇文章《在未来,如何找到免费的,可以重复使用的流量?》,文章的开头就表明观点,亮出态度,紧接着提出疑问,激发好奇,吸引用户继续读下去。

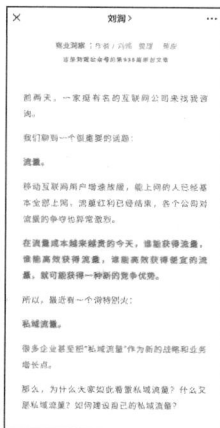

图4-9　公众号文章开头写法

3. 结尾写作

一篇好的文章结尾，它应该是对文章的总结、提炼和升华，而且要首尾呼应；同时它要能戳中用户，引发共鸣，起到促进转化的作用。

一般公众号文章结尾的写作技巧有以下 4 种。

（1）提炼核心，总结全文

梳理文章概要，帮助用户回顾前文的主要内容。

（2）强调观点，引发站队

这种结尾一般会与文章其他部分的内容相配合。一般采用的是"开头提出观点，中间证明观点，结尾再次强调观点"的写法。

（3）抛出话题，引发讨论

在文章结尾抛出话题，引发讨论，这样可以增加文章在朋友圈转发的概率。

（4）"鸡汤"金句，制造共鸣

"鸡汤"金句能最大程度地激发用户的共鸣，而共鸣是用户转发和分享公众号内容的最大推动力之一。

4.3.4 微信公众号的推送技巧

运营者应选择合理的时间在微信公众号上推送文章，以培养用户的阅读习惯。

1. 推送时间

（1）黄金时间推送

以下 4 个时间段是常规推送的黄金时间，与主流的职场用户的工作与生活时间相契合。

① 7:00—9:00。这个时间段许多用户正好在上班路上，在排队等车、乘车的场景中，可以通过阅读公众号发布的内容打发时间、获取资讯。

② 11:30—13:30。吃饭、午休的时间段，用户拥有空闲时间浏览公众号的内容。

③ 18:00—19:00。与早间的上班场景相同，用户在下班路上排队等车、坐车的时间里，打开公众号的概率较大。

④ 22:00 以后。许多用户有睡前刷手机看资讯的习惯。

（2）错峰时间推送

正因为这 4 个时间段是推送的黄金时间，所以也是各类微信公众号文章推送扎堆的时间段，而错峰推送也不失为一种策略。不过，运营者应结合用户画像，找准用户其他的使用时间和场景。

（3）活跃分析推送

运营者可以通过分析数据，把握用户活跃的时间段，在合适的时间进行推送。

无论选哪个时间段，运营者都可以利用"定时群发"功能定时推送内容，以培养用户的阅读习惯。而随着微信公众平台算法推荐机制的引入，推送时间的重要程度也会相对降低，毕竟合适的内容比合适的推送时间更能长久地留住用户。

2. 推送频次

对不同的营销对象，企业可以采取不同的推送频次。

需要注意的是，很多企业之所以想运营订阅号，是因为看重订阅号每天一次的推送机会，但天天推送也容易被用户取消关注，尤其在微信对订阅号进行大幅度改版后，取消关注变得更便捷。所以运营者在推送文章前一定要想清楚：今天的推送内容对订阅用户而言是否有价值。若运营者推送的信息既不能激起用户的兴趣也无法满足用户的需求，高频的发布反而是对用户的打扰。

课堂讨论

一天中的哪个时间段，你最常阅读微信公众号推送的文章？思考一下为什么你会形成这样的阅读习惯？

4.4　微信公众号的运营模式

微信公众号发展至今，运营模式已较为成熟且多样，其中，口碑打造、社交破圈、私域闭环、拓客裂变是最为典型的 4 种模式。

4.4.1　口碑打造模式：内容吸引+持续服务

口碑打造模式重点是在文章内容上持续提供有趣、有价值、有吸引力的内容，在互动使用上提供方便、快捷、有效的功能服务。这是品牌比较常见的微信公众号运营模式，有利于品牌形象的树立、好感度的打造。

这样的运营模式依托于微信公众号的功能设计与推荐机制，可轻松实现一对多的信息推送、答疑服务，也可方便快捷地连接大大小小的客户。

口碑打造模式主要适用于个人 IP、企业等具有服务功能的个人或组织。

1. 微信公众号内容营造好感

为了创建优质的微信公众号，打造口碑，运营者不仅需要用具有吸引力的微信公众号内容，吸引用户的关注与订阅，还需要发放福利、礼物，与用户互动，营造出良好的微信公众号氛围。

不论是企业账号还是个人账号，都需要持续不断地为用户提供有价值的信息。个人账号应多为用户提供"干货"类知识、观点及情绪价值，企业账号则应多向用户展示企业的实力及对用户的实际关怀。

企业可以通过微信公众号发布会员专属福利信息、内部活动信息、企业成长史、用户产品使用体验、售后问题处理案例等内容，以此让新老用户感觉被尊重，提升用户对企业的好感度，进而使用户自主自发地为企业进行宣传或消费。

2. 功能菜单持续服务

除了主动推送优质的微信公众号内容外，运营者还可以通过微信后台开发功能，为用户提供快捷方便的服务。

采用独立 App 来提供各类会员服务，不仅考验企业的开发维护能力，还会让被迫下载软件的用户感到烦琐。而利用微信公众号的后台开发接口，开发并设置常见的服务功能，如用户投诉与处理、个人中心动态管理、订单查询等，会极大地方便用户的操作与使用。这样既尊重了用户的日常社交软件使用习惯，又实现了低成本的全天候自助服务，还节省了用户维护成本，可谓一举多得。

图 4-10 所示为某企业的微信公众号服务功能，该企业将在线客服、历史订单等必要的服务功能绑定在了企业官方微信公众号上。希望得到企业服务的用户便可轻松打开微信公众号，即时追踪想要的信息。

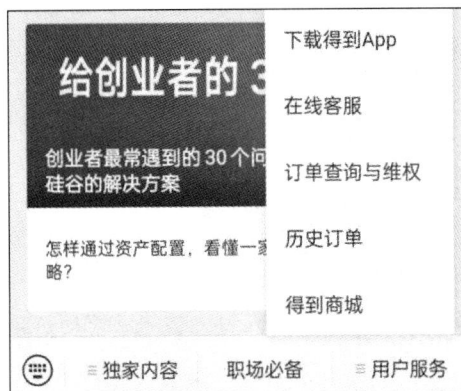

图 4-10　某企业的微信公众号服务功能

4.4.2　社交破圈模式：高质量内容输出+好友推荐

在运营初期，运营者很难将微信公众号内容传播给更多人群，更别谈建立影响力了。为了通过微信公众号来树立品牌知名度，社交破圈模式应运而生。社交破圈模式通过高质量内容的持续输出和微信公众号之间的相互推荐，帮助运营者扩大账号影响力，实现账号粉丝的增长。

1. 高质量内容持续输出

与口碑打造模式一样，社交破圈模式的前提也是提供高质量的微信公众号文章内容。想要"破圈"，首先微信公众号的内容要足够优质和丰富。因此，微信公众号内容一定要持续创作、持续推送。

（1）内容质量

内容质量直接影响用户的阅读体验和分享意愿。运营者应注重文章的逻辑结构、语言表达、信息准确性和创新性，确保每篇文章都能为用户提供价值。

为了满足不同用户的需求，运营者可以尝试多样化的内容形式，除图文内容外，还可以尝试视频、音频、漫画等形式内容的创作。例如，微信公众号"一条"在推送生活美学相关文章时，融入了视频、音频和精美图片，丰富了用户的阅读体验。

（2）持续输出

定期更新能够培养用户的阅读习惯，提高微信公众号的活跃度。例如，微信公众号"罗辑思维"坚持每天早晨推送一条 60 秒的语音，形成了稳定的用户期待。

除了定期更新外，运营者还要坚持与用户进行积极互动，及时收集用户的反馈和建议，以此作为优化内容策略的重要依据。

2. 好友推荐

好友推荐也称"好友互换"，是指寻找相同粉丝量级的微信公众号运营者，与其结成互助好友关系。在微信公众号文章的文末，采用文字推荐、放置跳转链接等方式，互相推荐彼此的微信公众号，以达到互相引流、帮助"涨粉"的目的。

在进行好友推荐时，运营者要注意以下几个技巧。

（1）选择用户重合、内容互补的账号

好友推荐的成功在很大程度上取决于合作伙伴的选择。运营者应基于自身公众号的定位和用户特征，寻找用户重合、内容互补的公众号。用户重合，互推才能有好的效果。例如，一个专注于职业技能提升的公众号，可以选择与专注于个人成长和时间管理的公众号进行互推。

同时，互推双方的内容应具有高度的互补性，这样才能实现双方用户的共享和价值最大化。例如，某一微信公众号以"家庭教育"为主题，那么寻找以"教育学习""儿童美食搭配""青少年穿搭"为主题的微信公众号作为合作者，则是不错的选择。如果选择主题雷同或相似的微信公众号进行互推，会造成竞争关系，甚至会导致粉丝流量被分散的现象。

（2）创新互推内容和形式

在推荐对方的微信公众号时，应避免使用通用的描述或模板化的语言。运营者应根据对方微信公众号的特色，个性化地撰写推荐语，使推荐内容更具吸引力和说服力。

除了在文章末尾推荐对方的微信公众号，还可以通过更多创新形式进行互推，如共同创作主题文章、举办联合活动、制作互动式内容等。例如，两个美食类公众号可以共同推出节日特辑，互相推荐对方的特色食谱。

（3）重视互推效果，注意长远规划

互推不应是一次性的行为，而应被视为长期合作的一部分。运营者应与合作伙伴建立稳定的互推机制，定期评估互推效果，调整合作策略。

互推效果的评估。不仅要追踪和评估新增粉丝数量、阅读量和转发量等直接指标，还应分析用户参与度、互动质量等间接指标。

4.4.3　私域闭环模式：视频号获客+微信公众号筛选+客服号维护+社群活动

微信作为一个发展了数十年，功能完备齐全的平台，为运营者提供了许多有用的功能、工具。在这些功能和工具的帮助下，私域闭环模式——视频号获客、微信公众号筛选、客服号维护、社群活动的组合，也能帮助运营者做好运营工作。私域闭环模式从获得客源到促成消费，是微信公众号运营变现的重要途径。

1. 视频号获客

视频号是微信推出的一个短视频与直播板块，旨在让用户记录和分享自己的日常生活。与抖音、快手等短视频平台类似，视频号具备个性化推荐机制，运营者可以利用视频号进行短视频内容输出和直播，来快速推广并获得关注。

在视频号板块取得成绩后，运营者可以继续引导用户关注同账号的微信公众号。例如，在视频号的短视频结尾处进行口播，引导用户关注微信公众号，或是在短视频下方的文案区域放置微信公众号跳转链接，便于用户进一步了解微信公众号的其他内容，将其转化为微信公众号的粉丝。

2. 微信公众号筛选

微信公众号筛选是指将上一步中吸引到的粉丝，进一步转化成深度粉丝，甚至付费用户。这一步需要微信公众号文章内容足够吸引人，也需要运营者在微信公众号中发布与视频号内容、直播内容高度相关的内容，形成联动局面。

例如，某账号的视频号短视频内容是"知识管理"。对此话题感兴趣的用户在直播间了解到相关内容，产生了进一步了解的欲望。这时，该用户就很可能通过直播界面转入运营者的微信公众号页面，阅读微信公众号中与"知识管理"有关的信息。在这个过程中，用户产生了充足的获得感后，不仅会对该微信公众号持续关注，更有可能成为付费用户。

3. 客服号维护

当用户因文章内容对微信公众号与品牌产生好感，进而产生付费欲望后，企业可以通过真人客服进行服务细节的对接。很多企业会在微信平台设立专门的客服企业微信号或个人号，作为对付费用户进行一对一服务的通道。企业客服对用户及时、细致的服务与回应，对用户维护与后续的二次转化有着直接影响。

4. 社群活动

即便用户看过视频号的短视频与直播，也关注了微信公众号，还拥有了专属客服，企业的运营者如果不持续发起活动激活用户，久而久之，用户的黏性也会逐渐降低，用户会转而关注其他活跃度更高的企业和品牌。为避免此类情况发生，微信公众号运营者可以通过微信社群活动来维系用户。为进一步触达和服务用户，运营者可以创建用户专属的微信社群，在群内发布福利活动、进行公开讲座、进行新品发售等。通过以上一系列动作，运营者既能激活老用户，又能让新用户快速获得归属感，在提供服务的同时促成用户的消费、复购或口碑传播。

4.4.4 拓客裂变模式：裂变活动+多渠道宣传

裂变活动是互联网领域通过用户传播、推荐等方式，实现品牌信息快速扩散的营销活动。除了输出高质量内容外，为了快速获得意向客户，很多微信公众号运营者还会选择发起裂变活动，通过微信公众号发布相关信息，再通过多渠道宣传互动，来实现拓客和粉丝的裂变式增长。

1. 微信公众号裂变活动

微信公众号是开展裂变活动的重要平台。微信公众号上的裂变活动常见形式有以下几种。

（1）邀请好友

用户邀请一定数量的好友关注微信公众号，完成邀请任务可获得奖励。此方法方便快捷，适用于各种行业。

（2）分销佣金

用户推荐他人购买产品，即可获得一定份额的佣金返还。这一方法可获得精准用户，适用于知识付费等行业。

（3）社群裂变

用户邀请新用户进入社群，即可获得活动奖励。社群裂变活动成本低，且发布快捷。

（4）点赞活动

用户转发微信公众号文章或海报至朋友圈，获得一定点赞数量后可获得奖励。点赞活动传播效率高，但对用户有一定的达成门槛。

以上活动都可以依托微信公众号平台创建，并依托整个微信来传播，以达成裂变拓客的目的。

2. 多渠道宣传活动信息

运营者撰写并编辑好裂变活动的文章，设置好活动参与规则后，就可以通过发布微信公众号文章来发起活动。关注微信公众号的用户将及时接收到活动文章，并了解到活动的参与规则。作为微信公众号粉丝的用户们参与裂变活动的意愿较高，很可能自发地在社群、朋友圈、微信好友聊天中转发该项活动信息。

图4-11所示为微信公众号"火花思维课堂"发布的针对新老学员的裂变活动推文。订阅用户阅读完文章后，就可以根据提示参与活动，在获得奖励的同时还能体验到该微信公众号团队的服务。

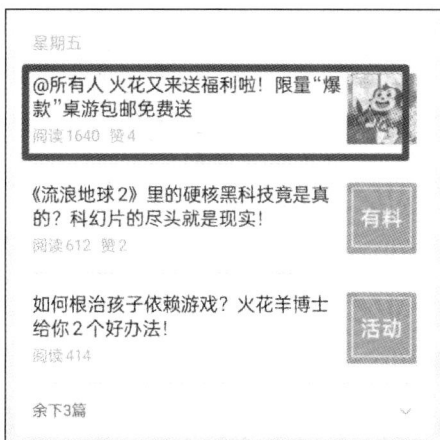

图4-11　裂变活动推文

作为宣传推广的重要活动，裂变活动不是单单用文章推送一次就可以顺利完成的。微信公众号推广裂变活动，往往会进行多重准备、多端宣传，如设置一个跳转链接，或在微信公众号的功能菜单内绑定活动链接和活动模块。如此一来，用户能通过多种方式成功参与活动。

微信公众号"火花思维课堂"发布活动文章前，在微信公众号后台设置了针对活动的提示文案。用户根据文章提示扫码，会跳转到对应的微信公众号中，并在关注微信公众号时触发该提示文案，如图4-12所示。在文案的引导下，用户可以轻松操作并拿到奖励、体验服务，最终完成裂变。

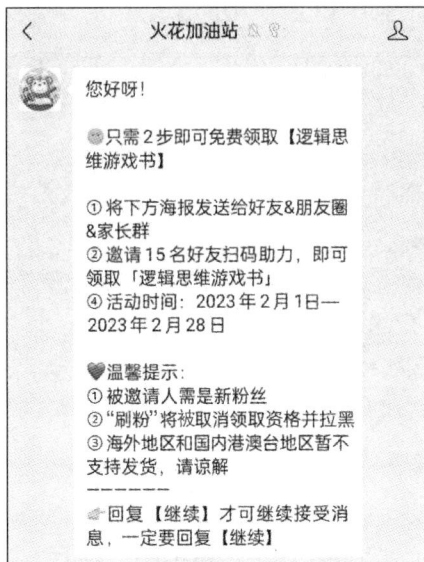

图 4-12　微信公众号提示文案

课堂讨论

拓客裂变模式是怎样操作的？在操作的过程中有哪些注意事项？

思考与练习

　　请你制定一份微信公众号的平台运营方案。方案内容需包含账号定位、内容类型与发布策略、账号设置、竞品账号数据分析等内容。可以尝试使用 AIGC 工具帮助你完成方案的制定。

PART 05

第五章
今日头条运营

今日头条凭借独特的算法和个性化推荐，成功地在海量信息中为用户筛选出感兴趣的内容，赢得了广大用户的喜爱。作为一个备受欢迎的资讯平台，今日头条拥有庞大的用户群体及很高的信息传递效率。了解其运营策略对于运营者和企业来说具有重要的意义。本章将深入探讨今日头条的运营策略。

5.1 今日头条概述

从宏观层面来看，今日头条的发展可谓是数字媒体时代的一匹黑马。在短短几年间，今日头条不仅实现了用户数量的爆发式增长，还拓展了多元化的内容生态，包括短视频、直播、问答等领域。这种创新和变革的精神使今日头条在数字媒体领域中独树一帜，引领行业的发展趋势。下面将介绍其基本信息和发展历程，帮助运营者"近距离"了解这个快速发展的平台。

5.1.1 今日头条的基本介绍

今日头条是张一鸣于 2012 年 3 月创建的新闻资讯内容平台。它基于大数据和人工智能技术实现个性化推荐，突破了传统门户网站的单一展示形式，会根据用户的年龄、性别、地域、阅读偏好等信息，为每一位用户推送不同的信息。这样的新闻资讯内容更符合用户的口味，也就更能获得用户的喜爱。因此，今日头条自上线以来便呈爆发式增长的态势。

用户可以在今日头条中进行文章创作、微头条创作、视频创作、问答创作……今日头条集多种创作模式于一体，也将微博、公众号、短视频平台、问答平台的优势集于一身，甚至还兼容了商城等商业变现的功能。在种种功能的推动之下，今日头条持续吸引不同类型的创作者入驻。

5.1.2 今日头条的发展历程

今日头条的发展一共经历了 4 个阶段，即产品探索期、初次增长期、产品增长期和产品成熟期。

1. 产品探索期（2012 年—2013 年）

今日头条自 2012 年创立以来，得到多家投资机构的青睐和注资支持。庞大的资本助推了今日头条对自身产品的快速迭代和逐步完善，帮助这个刚刚上线的新产品探索发展路线。因此，今日头条在上线的前两年将精力主要集中在产品功能修复迭代、产品界面优化、产品形态完善这三方面。头条号、评论、推荐等功能在这一阶段陆续完善。

功能陆续完善，质量不断提高，今日头条也便吸引了诸多媒体、品牌、行业专家、意见领袖入驻，他们纷纷为平台贡献内容与流量。因此，今日头条在一两年的时间内就取得了注册用户数破两亿，日活跃用户数近千万的成绩。

2. 初次增长期（2014 年—2015 年）

2014 年，在产品形态完善后，今日头条进入高速发展期。与其他内容型产品团队不同，今日头条另辟蹊径，组建了国内最大的增长团队，专注于在互联网抓取内容并在平台上分发投放，以提高产品的转化率、增长率，最终获得广告收入等营业收入。与此同时，今日头条也在内容和功能上继续完善与丰富，先后上线了专题功能、订阅频道、关心功能等多样化的内容展现方式和用户行为数据的反馈机制。

然而在另一方面，这样的高速发展也带来了危机。因长期抓取、分发无版权的内容，仅在 2015 年今日头条便接到多起诉讼。至此，未经许可进行内容抓取所导致的版权风险也日趋明显。为解决版权问题，同年 9 月，今日头条举办了首场"内容创作者大会"，正式将产品战略定位从内容分发平台转变为内容创作与生产平台。除此之外，平台还宣布了"千人万元计划"，确保至少有 1000 个创作者通过在今日头条创作原创内容而获得单月 1 万元的保底收入。

3. 产品增长期（2016 年—2017 年）

在这一阶段，今日头条的产品迭代速度逐步加快，并大力优化产品的交互与使用功能。在这近一年半的时间内，今日头条几乎每半个月就会迭代一个新版本。另外，此阶段的运营策略以内容增长和收入增长为主，力图使平台的优质内容和营收持续增加。2016 年的今日头条创作者大会更是放出 10 亿元资金来补贴创作者，鼓励优质创作者入驻。同年，信息流广告也进入平台中。这一与移动互联网高度契合的广告模式为今日头条创造了大量营收。

4. 产品成熟期（2018 年至今）

2018 年以来，今日头条产品及商业化模式步入日趋成熟的阶段。今日头条开始放缓产品迭代速度，转入对功能的仔细优化与打磨。但在这段时间，也有电商、知识付费专栏、微头条等多种商业变现功能和玩法陆续上线。一个成熟的基于今日头条的商业模式版图正逐步显现。

5.1.3　今日头条的价值与机遇

根据大数据监测与分析平台 TrustData 公布的数据，截至 2023 年 9 月，今日头条平台月活跃用户数已达 3.39 亿。作为新闻资讯类平台，这样的月活跃用户体量已然领先于其他同类平台。今日头条的价值和机遇主要体现在以下几个方面。

1. 全新推荐机制，大量"出圈"机会

今日头条依据用户阅读偏好、阅读习惯、年龄、地域等个人信息量身定制推荐内容，这种推荐机制既满足了平台用户"只想关注我在意的内容"的心理需求，又让优质内容能被直接送达给最需要它们的用户。

在这种推荐机制下，账号的内容更容易被推荐、被阅读以及形成互动，企业与品牌的信息也更容易推送给意向客户。精准的推荐算法帮助今日头条构建起良性生态，用户、平台账号、企业都能在这个链条中获取价值。

2. 庞大用户群体，多重商业机遇

今日头条在用户规模和活跃度上都取得了前所未有的成就，庞大的注册用户和活跃用户带来潜在的商业价值。加上平台具有丰富的功能：图文、搜索、问答、微头条、商城、信息流推广……多元化的内容创作功能和全面的商业变现功能为运营者提供了商业盈利的工具和途径。

基于今日头条的流量和商业闭环，许多企业开始全面布局头条平台，进行品牌展示、产品推广、销售转换等一系列商业运作，并获得可观的回报。可以说，头条以其庞大的用户规

模、丰富的内容形式、强大的转换效率，成为移动时代品牌变现的重要引擎。大数据赋能的内容平台正在重塑营销生态。

3. 资本助力，创作扶持力度更强

因亮眼的表现，今日头条上线后受到诸多资本的追捧，并获得大量融资，这也使平台可以投入更多费用激励优质内容的生成。今日头条陆续出台一系列创作变现活动和功能，如千人万元计划、青云计划、付费专栏等，为平台账号运营者提供优质的创作变现机会。

课堂练习

请试用今日头条 App，并分享你的使用体验。

5.2　今日头条的推荐机制

今日头条是新媒体"算法推荐"的先行者，自今日头条后，个性化推荐机制在诸多新媒体平台中得以广泛应用。

5.2.1　今日头条的三大推荐机制

今日头条的推荐机制以个性化推荐为主，订阅推荐与频道推荐为辅。

1. 个性化推荐

个性化推荐指平台抓取和分析用户使用 App 时的浏览记录、点击偏好、阅读兴趣等大数据内容，以及年龄、地域等个人信息，描绘精准的用户画像，进而向用户推送其更可能感兴趣的内容，最终实现"千人千面，量身定制"的个性化内容呈现。算法的个性化推荐机制更契合信息爆炸条件下用户的碎片化需求。它可以实现更低成本的内容生产及更高的用户黏性，是今日头条抢占用户注意力的关键所在。

2. 订阅推荐

在浏览个性化推荐内容后，用户可以选择订阅感兴趣的账号及内容。今日头条会记录这些订阅选择，并在关注页面即时更新最新内容，供用户浏览。相关账号或内容标签更新时，平台也会将内容优先推送给订阅用户。这种订阅推荐机制进一步提升信息的精准化推送，让用户能够及时了解自己所关心内容的最新动态；同时也使账号能够积累固定的读者群，提高创作者创作积极性。

3. 频道推荐

除了个性化推荐和订阅推荐，今日头条还分门别类地开设了生活、国风、育儿、科技、数码、健康等多个频道。平台会根据不同频道内热门内容的表现，如阅读量、点赞率、互动度等数据，进行专门的推荐和展示。这样的频道推荐方式，一方面可挖掘垂直领域下的优质内容，提供更广阔的曝光机会；另一方面，也方便平台用户适时切换浏览对象，发现更多的新奇信息。

5.2.2　今日头条推荐机制的作用

今日头条以个性化推荐为主，以订阅推荐、频道推荐为辅，构建起涵盖多维度的内容推荐体系。这种机制既满足了用户的个性化需求，提供了丰富全面的阅读内容，还为个人、企业或品牌提供了很大的商业发展空间。今日头条推荐机制的作用具体表现为以下几点。

1．推送更精准，商业价值大

今日头条为用户推送的往往是其感兴趣、愿意深入了解的内容。正因如此，被推荐的用户很容易对内容产生好感、信任与需求。这正好迎合运营者进行广告宣传的目的。通过这一机制，运营者更容易精准获得潜在客户，更容易满足其消费需求，也就更容易实现"涨粉"、产品销售等运营目标。

2．多重推荐，更易曝光

在今日头条上，只要是用户喜欢的内容，即使是小众内容，也都有被展现的机会；如果内容互动率高，就会被更多地曝光与展示；如果内容质量高，则拥有被持续关注和追随的机会。这种推荐机制拓宽了账号内容的展示空间，无论是热门内容还是小众话题，都将在今日头条得到多方位的展示。

> **课堂讨论**
>
> 打开今日头条 App，系统向你推荐的首屏内容是哪些？你觉得系统为什么向你推荐这些内容？

5.3　今日头条的内容类型

今日头条已成为用户获取各类资讯的主要平台。其内容涵盖搞笑、娱乐、社会、文化、科技、动漫、健康、时尚、美食、游戏、旅游、财经、汽车、体育、教育等多个领域。经过多年发展，今日头条已成为媒体、企业、品牌的官方账号和个人自媒体扩大自身影响力的重要阵地。下面将从官方账号与个人自媒体两个角度，介绍今日头条内容的主要类型。

5.3.1　官方账号主要内容

在强媒体属性的今日头条上，"新华社""人民日报"等媒体机构的入驻带来了权威、严谨的新闻内容。而"小米公司""京东"，则是企业、品牌组织入驻的代表。

1．新闻报道

今日头条上的官方账号及时发布各类权威新闻报道，旨在向广大用户传递全面、准确的新闻信息。官方账号通过今日头条，能够快速地将重要新闻和公告推送给广大用户，确保信息的及时性和有效性。

这些新闻报道不仅丰富了平台用户的阅读信息，还巩固了媒体机构自身的影响力和地位。图 5-1 所示为新华社官方账号在今日头条所发布的报道。

图 5-1　新华社官方账号在今日头条所发布的报道

2. 知识科普

除了新闻报道，许多机构的官方账号还会在今日头条上发布大量的知识科普内容。这些内容形式多样，包括图文、视频、音频等，涉及自然科学、社会科学、文化艺术等各个领域。这些知识科普内容不仅能够提升公众的科学素养和文化素质，还能展现机构自身在知识传播领域的专业性和权威性。

图 5-2 所示为中国国家地理图书部官方账号发布的科普文章。

图 5-2　中国国家地理图书部官方账号发布的科普文章

3. 宣传推广

今日头条还是一个宣传推广平台，为企业、机构提供了展示自身形象和成果的窗口。许多知名企业与机构也会在此开设账号，发布与企业品牌、产品、活动有关的文章，进行推广宣传，提高用户的参与度和忠诚度。

图 5-3 所示为小米公司官方账号在今日头条发布的产品介绍文章，推广其新品"小米汽车"。

图 5-3　小米公司官方账号在今日头条发布的产品介绍文章

5.3.2　个人自媒体主要内容

与媒体、企业、品牌的官方账号相比，个人自媒体发布的内容更广泛与丰富，充满了个性化的观点与想法。个人自媒体需要让用户感受到其个人魅力、独特价值，因此，运营者可针对以下 4 种内容类型下功夫。

1. 时事评论

时事评论是新手运营者经常发布的一种文章类型，也是传统新闻评论员迁移到今日头条等新媒体平台后的主要创作形式之一。由于今日头条具有较强的新闻属性，个人自媒体有机会对时事热点发表独特的观点和评论，这些评论往往需要角度新颖，语言犀利，能够引发用户的思考和讨论。个人自媒体通过时事评论，表达自身的立场和看法，为用户提供了多元的思考角度，可以促进用户思想的交流和碰撞。

2. 生活感悟

很多运营者会在今日头条分享生活日常。与其他新媒体平台不同的是，今日头条生活类账号所发布的内容生活气息较为浓重，且说教意味较淡。这些内容贴近用户的日常生活，容易引起共鸣，让用户在忙碌的生活中得到慰藉和启示。通过生活感悟的分享，个人自媒体展现了更加真实、立体的人格形象。

3. 知识分享

运营者还可以分享生活中遇到的小知识与小技能，凭借自身的专业知识和行业经验，发布各类知识分享内容。今日头条的知识分享一般较为接地气，在亲切的叙述中分享知识与技能。这些知识分享内容既有深度又有广度，可以满足用户的学习需求，同时也有利于提升个人自媒体的专业形象和影响力。

　　职场领域博主"卢战卡"的今日头条账号通过阐述生活故事、还原生活场景，传递与客户沟通的技巧，如图 5-4 所示。

图 5-4　知识分享文章

4．故事讲述

　　"讲故事"是个人自媒体在今日头条上吸引用户的重要手段之一。个人自媒体通过讲述真实或虚构的故事，提供娱乐与消遣，从而吸引有娱乐需求的用户。可讲述的故事包括历史传奇、影视剧剧情、名人故事、虚构小说等。故事讲述可以有情感上的触动，也可以有思想上的启迪，还可以有感官上的刺激。图 5-5 所示为一篇关于"龙为什么是中国人最重要的精神图腾"的文章，文中讲述了与龙有关的古老传说和神话故事，娓娓道来，引人回味。

图 5-5　故事讲述文章

课堂练习

　　请通过今日头条 App 发布两条不同类型的内容，并记录它们在三天内的浏览与点赞情况。

5.4　今日头条的运营模式

大量的个人、媒体、企业、品牌入驻今日头条，试图掘金。与之相应的是，逐渐成熟的运营模式为运营者提供了经营平台账号的范式。其中，今日头条最为典型的运营模式有以下3类。

5.4.1　常规运营模式：内容输出+站内变现

常规运营模式是指在今日头条持续输出内容，并以此获得平台现金激励的变现模式。这种模式在今日头条的运营中比较常见。为了从众多的竞争者中脱颖而出，遵从常规运营模式的运营者一般会保持高频率的内容输出，以持续吸引粉丝。当粉丝达到一定数量后，运营者则会利用今日头条提供的各类变现机会来兑换商业价值。常规运营模式依托于今日头条的平台推荐机制和变现功能板块，为今日头条注入了更多活力。

1.　内容输出

与其他新媒体平台有所不同，今日头条的内容输出一般分为两种形式，运营者可根据自身定位选择适合的形式。

（1）流量变现式输出

流量变现式输出指运营者发布具有话题性和新闻价值的内容来迅速推广传播、吸引粉丝用户，获得较高的阅读数和粉丝数，从而通过站内的相关创作扶持功能，实现变现。这类内容输出一般偏向于产业新闻、新闻事件报道和生活故事分享，用户的阅读目的主要是获得最新资讯和情绪价值。

（2）商业变现式输出

商业变现式输出一般带有很强的商业属性，能够直接获得收益。这种内容输出形式又可分为知识付费型和软文广告型两种。

知识付费型输出形式旨在分享知识、教授技能，让用户在阅读后获得一定的知识价值，乃至于萌发更多的学习需求。当学习需求发展到一定程度后，运营者推出"付费专栏""橱窗课程"等付费产品供用户购买，从而实现变现。这种输出形式一旦形成规模和影响力，还有可能孵化出超级IP。

软文广告型输出形式旨在通过原创内容包装产品营销信息，获取广告宣传利润，即"广告软文"；或者发布品牌推广、产品推广类文章，直接进行商业宣传，扩大产品或品牌影响力。

2.　站内变现

与其他新媒体平台类似，今日头条为运营者提供了多种内部变现机会，意在让底部、腰部、头部等不同量级的运营者都能从中获利。

（1）流量变现形式

流量型账号往往能够吸引到大众目光，其内容一般具有很强的话题性和传播度，传播速度更快。针对这类账号的运营者，今日头条设立了原创收益、微头条收益、电商"带货"、用户赞赏等多种变现方式。在完成头条号注册后，运营者需要在"创作者权限"页面加入"创作者计划"，从而开通文章创作收益权益。除此之外，平台还会推出各种创作活动，并提供奖金。运营者只需要持续输出有价值、有质量的内容，便能够通过平台权益与活动获利。图5-6所示为今日头条推出的各种热门创作活动。

图 5-6　今日头条推出的各种热门创作活动

（2）商业变现形式

商业变现账号的人设一般是在某一领域具备专业素养及较大影响力的人。这类账号的运营者有能力推出付费产品，如体系化课程、实体出版物、商业服务、实物产品，以及与企业品牌合作，撰写商业推广软文。

知识 IP"秋叶大叔"凭借扎实的知识体系和实战经验，在今日头条上持续输出与职场和个人品牌相关的"干货"内容，积累了 34 万粉丝。除持续输出"干货"内容外，"秋叶大叔"还通过平台的付费专栏、店铺橱窗等功能，推出自己的网课、图书等知识付费产品，如图 5-7 所示，以进一步满足用户的学习需求。

图 5-7　秋叶大叔账号内的付费产品

5.4.2　生态出圈模式：头条文章+短视频

伴随着字节跳动对产品体系的完善，抖音、抖音火山版、西瓜视频、番茄小说等产品的相继推出，今日头条与这些产品共同构建起从流量获客到商业变现的完善体系，形成一个庞大的"字节系生态圈"。生态出圈模式就是指从今日头条出发，依托字节跳动旗下其他产品，向外推广扩张，增强影响力的运营方式。

很多运营者发现"字节系生态圈"的商机并展开布局。其具体操作要点如下。

1. 在今日头条打下基础

短视频平台的发展让大量用户汇聚于其间。抖音既是第一梯队的短视频平台，又与今日头条同为字节跳动旗下产品。作为"字节系生态圈"的子产品，今日头条与抖音等平台共享了许多共通功能，如账号登录、好友共享、内容同步发布等。图 5-8 所示为今日头条账号登录页面，页面下方标注了"抖音登录"的选项。

图 5-8　今日头条账号登录页面

为了顺应流量从图文平台向短视频平台转移的大趋势，很多运营者选择先在今日头条输出图文内容，塑造自身形象，提升个人影响力，让平台用户对自己有初步的了解和认识，积累原始粉丝，为下一步进军抖音等短视频平台打下基础。

2. 短视频平台"出圈"

在今日头条发布图文内容的同时，很多运营者还会将自己的今日头条账号与抖音、抖音火山版、西瓜视频等平台账号进行关联，形成"字节系生态圈"的账号体系。

图 5-9 所示为今日头条的"账号与安全"设置页面。从中可以看到，今日头条账号可与抖音账号绑定。开启"展示直播状态""同步账号信息""同步关注关系"，可以让今日头条与抖音形成共同"涨粉"的账号体系。

由此，在今日头条账号打下基础后，运营者可将用户粉丝引流向抖音等其他短视频平台，盘活其他平台的互动数据，实现从今日头条到其他平台的"出圈"，进而促成"今日头条发布图文""抖音+抖音火山版+西瓜视频发布视频""抖音直播变现"的内容闭环。

这样的账号体系可以让运营者在字节跳动体系下联合各类新媒体平台，实现用户连通、功能连通与内容互补，为运营模式注入了全新的生机与活力。

图 5-9　今日头条"账号与安全"设置页面

3. 矩阵账号同步发布

运营者可以将在今日头条发布的内容同步到抖音等视频平台，也可将在抖音等其他平台发布的内容同步到今日头条，实现"反哺"。运营者通过账号绑定中的功能选项，将在抖音平台发布的内容同步至今日头条，如图 5-10 所示。

图 5-10　抖音内容同步至今日头条

其他平台，如抖音火山版、懂车帝、图虫，都能够开启"内容同步至今日头条"功能。运营者通过此功能即可轻松实现内容的同步发布，打造出属于自己的账号矩阵。

4. 跨平台内容策略

运营者需要深入理解不同新媒体平台的用户特性和偏好，制定差异化的跨平台内容策略。例如，在今日头条上，运营者可以发布深度报道、行业分析、专业指导等专业性较强的内容，满足用户对深度信息的需求。而在抖音上，运营者可以发布趣味性强的短视频内容，吸引年轻用户的注意力。

运营者可以根据不同平台的特点，调整内容的形式和风格，如在西瓜视频上发布系列教学视频，在抖音火山版上发布生活记录和日常分享，以满足不同用户群体的多样化需求。通过这种跨平台的内容策略，运营者能够更有效地吸引和维系用户，增强用户黏性，实现品牌价值的长期增长。

运营者还可以直接与用户进行互动，增强用户的参与感，并通过"带货"、打赏等方式实现变现。这种闭环不仅提升了用户体验，还为运营者提供了多元化的收益渠道，构建起一个可持续发展的运营生态。

5.4.3　品牌孵化模式：官方账号认证+信息流推广

今日头条用户群不断扩大，也吸引了众多的媒体、企业与品牌。相比个人，它们的运营更为体系化，并着重于利用账号内容进行品牌曝光、推广宣传、吸引和留存客户。

1. 官方账号认证

官方账号认证不仅能增强账号的可信度，还有助于构建品牌的权威形象。今日头条提供的认证类型多样，运营者应根据自身属性选择合适的认证路径。今日头条为官方账号提供的认证功能包含职业认证、兴趣认证、机构认证、企业认证 4 种类型。其中，机构认证适用于国家机构、新闻媒体、社会组织等机构的认证，是平台对机构账号真实性的官方认证；企业认证适用于企业，可在专门的企业认证官方网站办理。

例如，小米公司通过机构认证，不仅在账号主页展示了官方身份，还通过"矩阵"板块整合了旗下所有业务服务的官方账号，为用户提供了一个全面的信息获取渠道。在小米公司今日头条官方账号主页，平台用户不仅能通过文章、微头条、视频了解小米公司的动态，还能够通过"矩阵"板块查阅小米公司旗下所有业务服务的官方账号，如图 5-11 所示。

图 5-11　小米公司官方账号

完成认证的官方账号会在主页显著位置显示认证标识，如"××公司官方账号"，并在矩阵板块中展示关联账号。这不仅能帮助企业建立信息传播中心，还能有效防止身份伪造和品牌侵权问题。

2. 信息流推广

信息流推广是指官方账号在今日头条上投放付费的信息流推广广告。这是一种随移动互联网而生的广告宣传方式，其核心在于将商业信息与用户的阅读习惯和兴趣点相结合，实现广告内容的自然融入。信息流广告会随着用户日常关注或感兴趣的内容一同出现在用户的浏览页面中，用户在浏览后如果产生兴趣，可以点击广告信息，进一步了解广告的详细内容，从而产生付费的可能。

信息流推广是今日头条为企业获客提供的付费推广入口。与传统方式的直截了当的广告宣传不同，今日头条的信息流推广更加注重以内容营销的形式植入商业推广，将广告内容尽可能巧妙地融入用户浏览的其他内容中，这也是更加契合信息流场景的推广方式。

美团在今日头条上投放的信息流广告，通过一个吸引人的标题直接传达了服务的价值和优势，如图 5-12 所示，激发了用户的好奇心和需求，引导用户深入了解并产生行动。这种推广方式不仅提高了广告的点击率和转化率，还为用户提供了有价值的信息。

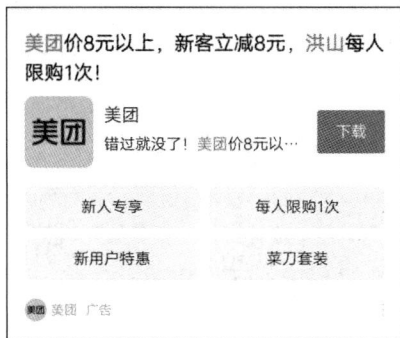

图 5-12　信息流广告

在信息流推广中，内容的质量直接影响用户的接受度和广告的效果。运营者应注重广告内容的创意和价值传递，避免简单粗暴的直接推销。运营者可以通过讲述品牌故事、展示产品特点、提供实用信息等方式，将商业推广与内容分享有机结合。

对信息流推广内容的效果追踪也是新媒体运营工作的基础内容，不论是在哪个平台，投放哪种形式的内容，运营者都不能忘记这一点。信息流推广的效果需要通过持续监测和优化来提升。运营者应关注广告的点击率、转化率、用户反馈等关键指标，及时调整推广策略。运营者可以设计多种内容，并同时投放，通过测试不同的广告文案和设计，找出最有效的推广方案。

课堂练习

尝试使用本节所教的运营方法，对你的今日头条账号进行运营。

思考与练习

请你制定一份今日头条的平台运营方案。方案内容需包含账号定位、内容类型与发布策略、账号设置、竞品账号数据分析等内容。可以尝试使用 AIGC 工具帮助你完成方案的制定。

PART 06

第六章
小红书运营

学习目标

➢ 了解小红书的发展历程。

➢ 学习小红书的账号运营和内容运营的方法。

➢ 掌握小红书平台的运营模式。

素养目标

➢ 把握内容电商发展趋势，促进消费升级。

➢ 提升品牌形象，推动品牌强国战略。

➢ 打造高质量内容，响应内容精品化号召。

➢ 促进品牌"出圈"，响应品牌创新战略。

　　小红书是一个旨在探索生活、分享美好的社交平台，因其推动用户间的互动并能够为用户创造独特的购物和生活体验而广受欢迎。随着越来越多的年轻人选择在小红书分享、探讨生活经验，小红书的商业价值也日益显著，越来越多的品牌和商家入驻小红书，以期通过小红书实现影响力和销售数据的双重增长。

6.1 小红书概述

小红书是国内热门的社交电商平台之一，其创建于 2013 年。如今，小红书已经发展成一个知识分享、购物推荐和社交互动的综合性社区。公开数据显示，早在 2022 年年初，小红书的月活跃用户数已超过 2 亿，在之后时间里，这一数据一直保持增长趋势。对于用户而言，小红书是实用且真实的生活指南。对于品牌和商家而言，小红书是亟待开发和用心运营的流量洼地。

6.1.1 小红书的发展历程

小红书从成立至今经历了高速发展。在起初的阶段，它着重于渠道和粉丝运营，鼓励用户将自己的购物经验和生活感悟分享给他人。这种共享社交经验的方式吸引了越来越多的用户，并逐渐扩大了平台的用户规模。随着时间的推移，平台逐步建立了信任和口碑，吸引了许多优质的品牌和商家进驻，形成了强大的购物社区。小红书的发展历程一共经历了 4 个阶段：产品探索期、商业模式完善期、用户增长期、生态规范期。

1. 产品探索期（2013 年—2014 年）

小红书创立初期，是作为跨境购物分享社区而存在的，社区的核心是解决海淘的信息、资源不对称问题。早期的小红书用户所发布的内容也多为境外的好物分享。作为受用户信任的境外免税店及出境游购物指南，小红书为用户提供了实用的购物指导，却并不能留住用户在社区内消费，也没有成熟的商业模式。

2. 商业模式完善期（2015 年—2017 年）

在这一阶段，小红书展开了一系列举措来完善自身商业模式，如在郑州与深圳等多地建立自营保税仓，与境外的美妆平台和企业达成战略合作。这些举措能够让用户在小红书内实现从了解到"种草"（推荐好物给其他人，使其他人对其感兴趣），再到下单的完整消费流程。至此，小红书的跨境电商生态也日渐成熟。

3. 用户增长期（2018 年—2020 年）

2018 年至 2020 年是小红书产品爆发式增长的时间段。越来越多的"90 后"年轻群体选择入驻小红书，通过图片、文字、视频笔记的形式分享和记录自己的生活。小红书上的内容也越来越广泛，涵盖美妆、护肤、美食、健身、读书等多个领域。2020 年，小红书"创作者中心"正式上线，大力扶持各垂类创作者，小红书的内容创作生态也日趋成熟。

4. 生态规范期（2021 年至今）

伴随着小红书的爆发式增长，平台关于内容创作和商业变现的问题也层出不穷。为规范平台运营，小红书针对专项问题进行治理，并针对平台内违规营销账号、虚假宣传、制造焦虑等行为进行处罚和打击，进一步明确平台规则，力图使平台维持健康、有序、向上的运营和创作环境。至此，平台内容生态得到了多维度明确的规范。随着小红书的不断发展，它也逐渐成为众多品牌和商家青睐的品牌宣传推广的优质平台。

6.1.2　小红书的价值与机遇

小红书是一个拥有巨大商业价值的平台，其具体价值与机遇主要表现在以下 4 个方面。

1. 庞大的用户基础

当前，小红书用户群体广泛，涵盖了"90 后""00 后"等年轻人群，以及有一定购买力的中产阶级人群。一方面，这些用户在小红书输出了丰富的内容，让平台保持较高的活跃度；另一方面，这些用户具备很强的消费意愿和消费能力，为小红书的商业价值提供了坚实的基础。

2. 高质量的内容产出

小红书积极推动原创内容的生产，越来越多来自各行各业的个人、企业、品牌入驻小红书，并持续发表自己对事物的看法和常见问题的解决方案。平台内容涵盖用户生活和工作中的方方面面，例如，小红书上有大量关于文学、艺术、音乐、健身、学科等方面的学习资料和建议，也有关于个人成长、亲子养育与沟通、家庭经营、职场成长等方面的困惑和解答。这些内容为感兴趣的用户提供了详尽、实用的参考，也为广告主和品牌提供了图片、文字、视频等方式的推广机会。

3. 多样的商业合作方式

小红书平台为品牌和商家提供了多样的商业合作方式，除了传统的广告投放外，还有品牌合作、达人推荐、内容定制等多种形式的合作。品牌和商家可以与小红书上的达人合作，通过达人的分享和推荐来提升品牌知名度和提高产品销量。此外，小红书还支持线上购物功能，用户可以直接在平台上购买推荐的产品，为品牌和商家提供直接的销售渠道。

4. 独特的用户"种草"文化

很多用户对于作为商家的品牌方发送的推广信息持谨慎态度，不一定会轻易相信和尝试，反而更加信任身边人和自己喜爱的博主的口碑推荐。小红书以跨境购物分享社区起家，入驻用户自带购物需求和分享需求。相较于其他平台，小红书平台的"种草"属性更为强烈，关键意见消费者（Key Opinion Consumer，KOC）的生活方式和购物经验也更受用户关注和信任。小红书的 KOC 投放和合作模式也非常成熟，通过 KOC 的集中推荐和运营实现品牌口碑提升和产品销量增长的案例也是屡见不鲜。

课堂讨论

你有喜欢的小红书博主吗？你为什么喜欢该博主？请跟同学们分享你的想法。

6.2　小红书的账号运营

不论是个人还是企业的运营者，想要通过运营小红书达成粉丝增长、品牌影响力提升、产品销量增长的目的，就需要运用不同的方式和技巧，有意识地提升账号引流和转化的能力。

6.2.1 关注官方账号

运营者关注小红书的官方账号有以下 3 个好处。

第一，可以进一步增强平台对账号的认同感。

第二，可以第一时间获取与平台政策、活动、趋势、热点相关的一手资讯，及时参与平台发起的活动，顺应平台的引导方向，获取更多免费流量，提升账号影响力。

第三，可以及时了解平台规则，避免违规。

小红书上的热门官方账号分为以下几类。

1. 通用类官方账号

通用类官方账号有两个，即"薯队长"和"薯管家"，"薯队长"代表小红书社区，日常主要发布平台的一些大的动向，相对来说不是特别细致，但是比较全面，如图 6-1 所示；"薯管家"主要发布、更新社区规则和社区规范的动态，如图 6-2 所示。

图 6-1　薯队长账号信息

图 6-2　薯管家账号信息

2. 功能类官方账号

功能类官方账号指小红书官方根据运营者可能遇到的不同范畴的问题，有针对性地设置的一些官方账号。常用的功能类官方账号有"创作者小助手""小红书视频号""小红书创作学院""小红书体验站""专业号助手""薯条小助手""校园薯""带货薯"等。每个官方账号的具体功能都不一样，账号日常所发布的内容都比较有针对性，运营者可以根据需要关注，如表 6-1 所示。

表 6-1　功能类官方账号的具体功能

官方账号 ID	具体功能
创作者小助手	日常主要发布一些针对创作者的激励活动，如赠送流量等
小红书视频号	主要发布和视频号相关的内容，如产品动态、创作话题推荐等
小红书创作学院	面向小白运营者的运营教程，定期分享创作技巧和攻略
小红书体验站	小红书好物体验官方账号，日常发布好物体验相关内容
专业号助手	主要发布和专业号相关的内容，如专业号入门宝典等

（续表）

官方账号 ID	具体功能
薯条小助手	主要发布薯条功能的一些动态及薯条优化相关内容
校园薯	面向学生群体（主要是在校大学生）发布内容
带货薯	小红书直播"带货"官方账号，介绍针对"带货"的功能和规则

3. 各个类目的官方账号

无论是通用类官方账号还是功能类官方账号，都是从大方向上出发的，发布的内容适用于所有领域。当前，小红书上早已经不再是某个领域一枝独秀，而是多领域多元化发展、共同繁荣。为了让不同领域的创作者在进行内容创作时更有针对性，更好地把控各个领域的创作方向，抓住热点，小红书也推出了各个类目的官方账号，主要有以下 7 个类目，如表 6-2 所示。

表 6-2　小红书各类目官方账号统计

类目	官方账号 ID	具体功能
美食类目	吃不饱同学	美食类小红书官方账号，主要发布各种美食推荐
	吃货薯	除美食推荐外，还会发布一些官方活动
时尚类目	潮流薯	小红书潮流时尚领域官方账号
	穿搭薯	会推荐一些博主的优质内容，也会发布穿搭时尚类的活动
	美妆薯	美妆类官方账号，日常发布内容同穿搭薯相似
知识类目	知识薯	知识类官方账号，除了优质内容，也会定期发布活动
	Vlog 薯	Vlog 类官方账号，平时会发布 Vlog 创作技巧
	Geek 小哥哥	针对男士的数码类官方账号
	薯宝宝	母婴类官方账号，分享优质内容之余，也会定期更新活动
娱乐类目	娱乐薯	影视娱乐类的小红书官方账号，会发布一些相关活动
	游戏薯	小红书游戏区官方账号，会发布一些和游戏相关的活动
	电影薯	小红书电影领域官方账号，日常主要是推送优质电影
	音乐薯	小红书音乐领域官方账号，日常也会发起流量扶持活动
生活类目	生活薯	主要发布和旅行、探店有关的内容
	日常薯	涉及的内容非常广泛，可以为运营者提供创作灵感
	生活研究所	家居类官方账号，主要发布家居类内容，会定期更新活动
运动健身类目	运动薯	运动健身类的官方账号
	蜜桃小姐姐	针对女性的运动健身类官方账号
情感类目	心情薯	主要发布心理和情感相关内容

运营者可以根据自己所处的领域关注相关账号，第一时间获取行业最新消息。另外，当运营者一时没有创作灵感时，也可以从这些官方账号发布的内容中获取灵感。

6.2.2　简介引导

小红书严禁运营者在除个人简介外的地方发布自己在其他平台的账号和联系方式。所以，运营者想要利用小红书为其他平台或线上线下的店铺引流，可以在个人简介处标注清楚。

1. 预留 QQ 邮箱

邮箱账号可以预留 QQ 邮箱，因为通常情况下 QQ 邮箱的账号包含了 QQ 号，而当前小红书的年轻用户比较多，使用 QQ 的人也比较多，预留 QQ 邮箱账号可以让年轻用户"顺藤摸瓜"找到运营者的 QQ 号，再通过 QQ 号和运营者取得联系。

2. 注明"全平台同名"

当运营者在其他平台注册的账号名称和小红书账号名称一样时，也可以在个人简介处注明"全平台同名"，这样用户在其他平台通过搜索小红书账号名称也能找到该账号，如此就可以很好地实现多平台跳转引流。

6.2.3 巧用图文笔记图片

运营者除了可以在个人简介处标注联系方式外，还可以在创作图文笔记时在图片中添加引导用户进行关注、购买等动作的信息。

1. 带账号信息

很多运营者会在图文笔记的图片中直接展示某些站内或站外账号的名称和页面展示图，供感兴趣的用户按图索骥，准确找到图片中推荐的店铺或商品，如图 6-3 所示。

2. 添加文本标签

运营者也可以在图文笔记的图片中添加文本标签，将想要引导或推荐的信息直接以文字的形式呈现，如图 6-4 所示。

图 6-3 图文笔记图片中的账号信息

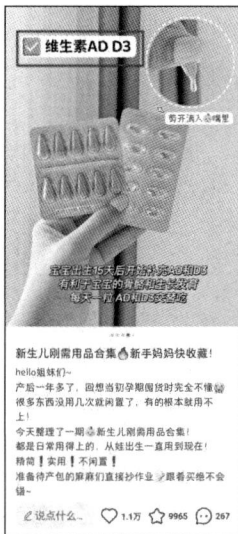

图 6-4 图文笔记图片中的文本标签

3. 添加商品卡片

小红书的电商功能越来越完善，运营者可以在图文笔记的图片中添加商品卡片，如图 6-5 所示。用户通过点击图片中的商品卡片，直接跳转到详情页查看商品的具体属性，如图 6-6 所示，而且可以直接下单购买，这为提高商品的转化率创造了极大的便利。

图 6-5　图文笔记图片中的商品卡片

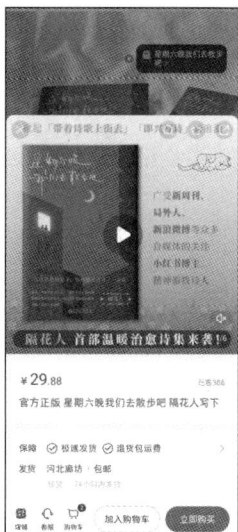

图 6-6　商品的详情页

6.2.4　笔记置顶

利用笔记置顶这一功能，运营者可以将最为重要、最想让用户看到的优质笔记和导流笔记置顶，从不同角度完成引流目标。

1．优质笔记置顶

运营者可以选取最优质、最容易"圈粉"的笔记进行置顶，帮助账号从内容的角度吸引用户。笔记内容如果深受用户喜爱，则可以在很长一段时间内为账号吸引新的粉丝。同时，用户的点击也可以增加置顶笔记的曝光量和浏览量，笔记效果就会得到提升，进而帮助账号获得更多的流量倾斜。

2．引流笔记置顶

运营者可以专门发布一篇包含联系方式的笔记，然后将其置顶，这样用户只要打开账号主页就能知道运营者本人的联系方式。这种方式可以很好地将小红书上的公域流量引到运营者自己或企业的私域流量中。

将引流笔记置顶后，运营者在发布其他常规笔记时可以通过评论等方式告知用户，有意联系的用户可以通过置顶的引流笔记找到运营者的联系方式，从而达成"二次引流"，放大置顶引流笔记的引流效果。

运营者在引流时，要注意规避敏感词汇，避免违反平台规定。

6.2.5　创建群聊

运营者可以在小红书站内创建群聊，吸引感兴趣的用户加入群聊，实现小红书平台内的用户运营。

创建群聊的步骤如下。

第一步：打开小红书 App，点击主页下方菜单栏中的"消息"选项，进入"消息"页面，如图 6-7 所示。

第二步：点击页面右上方的"群聊"按钮，在弹出的菜单中点击"创建群聊"选项，如图 6-8 所示。

第三步：进入"创建群聊"页面，如图 6-9 所示，编辑群名称，选择是否公开展示，点击页面底部的"立即创建"按钮，即可完成小红书群聊创建。

图 6-7 "消息"页面

图 6-8 点击"创建群聊"选项

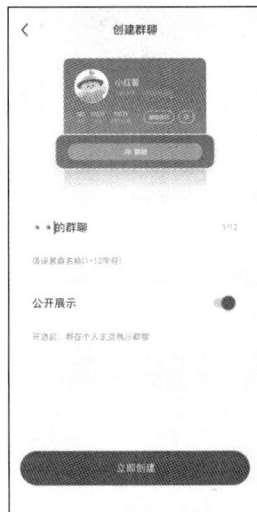

图 6-9 "创建群聊"页面

成功创建群聊后，运营者可以发新笔记招募用户进入群聊社群，也可以将群聊信息关联至历史笔记。笔记关联群聊信息的步骤如下。

第一步：进入所创建的群聊页面，点击"发笔记招募"选项，如图 6-10 所示。

第二步：进入"关联笔记"页面，可以点击"发布招募笔记"选项，然后完成新笔记的发布，也可以勾选"关联历史笔记"板块下方的已发布笔记，点击"确认关联"按钮，完成群聊信息与已发布笔记的关联，如图 6-11 所示。被关联的图文笔记图片左下角即显示群聊名称，如图 6-12 所示。用户点击后即可进入社群聊天。

运营者还可以将群聊信息展示至主页，用户进入账号主页即可找到进入群聊的按钮，如图 6-13 所示。

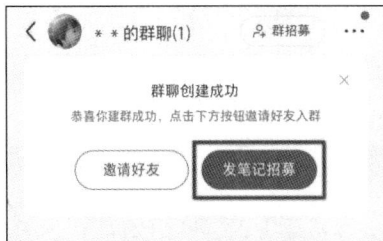

图 6-10 群聊页面

图 6-11 "关联笔记"页面

图 6-12 图文笔记页面的群聊信息

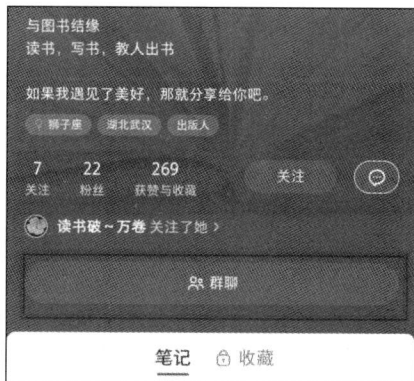

图 6-13 展示至主页的群聊信息

课堂练习

请打开小红书 App，并将该平台上的主要功能和内容板块都浏览一遍。

6.3 小红书的内容运营

优质的内容是内容平台的核心。不论是自媒体达人还是企业的新媒体运营者，想要在竞争激烈的小红书上占得一席之地，就要创作出足够优质的、对用户具有强大吸引力的内容。

小红书中包含图文、短视频和直播等内容形式，不论是什么形式的内容，都可以被称为"笔记"。图文笔记作为小红书平台最为传统也最为用户所熟知的形式，仍然是平台内容的主流。而随着短视频的火热，小红书也在鼓励用户创作更多视频笔记。

6.3.1 小红书笔记的标题创作

在小红书上，决定一篇笔记能否成为"爆款"的第一个关键因素是标题。尽管标题占据屏幕空间比较小，但它是决定用户是否愿意点击查看内容详情的关键因素之一。也就是说，如果一篇笔记的标题不能在短时间内抓住用户的心，那么它的打开率将非常低。

运营者要想创作出具有吸引力的标题，需要在标题中体现两个要素。

1. 核心关键词

由于小红书独特的"种草"和分享属性，很多用户入驻小红书是为了解决某一问题、获得指导建议，如了解某个产品的真实使用反馈、获得某项技能的学习教程等。因此，在小红书平台上，受用户喜爱的标题往往能明确体现内容的核心关键词，帮助用户快速确认内容的主题、主要方向，即这篇笔记要讲述什么内容。

标题：《养成 6 个好习惯，在舒适区自律》

核心关键词：自律

2. 用户利益点

小红书的"爆款"标题大多会体现内容能带给用户的利益点，让用户感受到点开内容能够"避免痛苦"或"获得好处"，以此吸引用户浏览内容。

标题一：《×××的读书方法，让你告别无效读书》

标题一用户利益点：告别无效读书（避免痛苦）

标题二：《每天练习 10 分钟，30 天学会弹吉他》

标题二用户利益点：学会弹吉他（获得好处）

在明确内容的核心关键词和用户利益点后，运营可以按照 3 种常见的标题写作公式来创作优质标题。

公式一：落差公式。

落差公式，顾名思义，需要突出的是标题前半句和后半句的落差。前半句结果好，后半句结果不好，或者前半句结果不好，后半句结果好。以这个公式创作的标题示例如下。

《反复长痘？用急救祛痘法，一夜消痘不留印》

《考了 5 次都没考上？你的学习方法可能是错的》

公式二：结果公式。

结果公式，要突出的自然就是结果。运营者用这个公式创作标题，要学会营造具体的场景，让某一件事情具体化，这样才能更好地突出结果。此外，为了突出、强调结果，还可以在结果之后加上一些保证或语气助词。用这个公式创作的标题示例如下。

《两分钟搞定的美味早餐，学会多睡十分钟》

《每天一刻钟，有效改善勾肩驼背》

公式三：融入热点。

运营者还可以在标题中融入热点，学会"蹭热度"，这样也能有效帮助笔记获得不错的效果。以"蹭热点"的方式创作的标题示例如下。

《最新版杭州亚运会总赛程来啦，建议收藏！》

《AI 再次进化，这次恐怕要颠覆设计行业！》

运营者在创作笔记标题时，可以多参考同赛道下其他账号的标题，分析其优缺点及自身内容的独特性，结合账号和内容的定位，取一个合适的标题。

6.3.2　小红书笔记的封面设计

就小红书 App 的展示机制来看，笔记的封面占据屏幕的空间要远远大于标题占据屏幕的空间。因此，一张好的封面图片对于笔记的效果影响也非常大。精致、漂亮、显眼的图片会让用户第一时间想要点击查看内容详情。

运营者首先需要了解小红书图文笔记封面的尺寸。如果封面的尺寸不正确，就会严重影响其展示效果。基于小红书特有的展现形式，小红书官方推荐了 3 种图文笔记封面的适用尺寸，分别是竖屏（宽高比例为 3∶4）、横屏（宽高比例为 4∶3）和方屏（宽高比例为 1∶1），如图 6-14 所示。小红书运营者可以根据手中的素材选择尺寸。

当你回到家乡，你会发现自己一直思念的不…

竖屏封面

最近获得的一些国际奖项

横屏封面

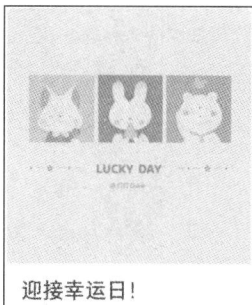

LUCKY DAY

迎接幸运日！

方屏封面

图 6-14　图文笔记的 3 种封面尺寸

在 3 种封面尺寸中，横屏比例的图片占据的屏幕空间相对更小，可展示的信息更少，有可能被用户忽视。因此，当前小红书用户使用频率最高的封面是竖屏，其次是方屏。

在小红书笔记中，使用率比较高且比较受用户欢迎的封面有以下 4 种类型。

1. 单张精美图片

小红书是一个代表着精致、美好生活方式的分享平台，运营者想要在小红书上打造出"爆款"笔记，就应该学会创作能让人赏心悦目的图片。精美的海报往往能带给用户强大的视觉冲击力，运营者可以使用精美的海报作为封面，让用户在看到封面的一瞬间感受到美好。图 6-15 为小红书笔记的精美海报封面。

这是你理想的生活吗？

Contrast | 对比 对比 #
审美积累 #提高审美…

图 6-15　小红书笔记的精美海报封面

这样高质量的精美海报，无论是在推荐界面还是搜索界面都能迅速抓住用户的眼球，促使用户点击笔记查看详情。制作这类图片不仅需要运营者具备一定的摄影技术，还需要运营者有一定的后期编辑能力。

2. 两张对比类图片

在小红书上，用两张对比类图片作为封面图片的笔记也不在少数。通常情况下，运动健身、美妆护肤、穿搭分享等类目的笔记常用两张对比类图片作为封面，如图 6-16 所示，其目的在于通过对比形成的巨大反差来展现积极的改变、明显的效果等。

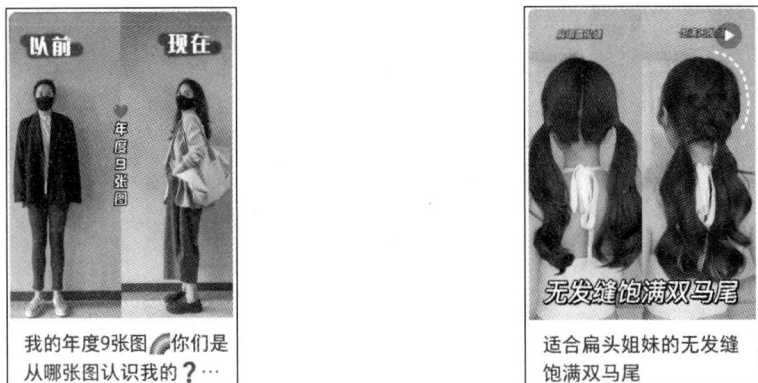

图 6-16　小红书两张对比类图片封面

使用两张对比类图片作为封面时需要注意，对比的重点是突出变化，前后图片的反差要尽可能大一些，只有这样才能在更大程度上引起用户的注意。但是运营者在进行创作时不能为了突出变化弄虚作假，因为用户观看这类笔记时更追求真实感。那些虚假、夸大、失真的图片不仅无法吸引用户，还会引起用户的反感。

3. 多张拼贴式图片

以多张拼贴式图片作为封面的笔记在小红书上也比较多见。当想要在封面中展示的元素较多，一张图片不够用时，运营者就可以采用这种方式，将多张图片进行拼贴，以提升封面的吸引力。

用多张拼接式图片作为封面有两个好处：一是图中的元素比较丰富多元，能更大概率地吸引到感兴趣的人；二是精心设计过的图片在排版上视觉效果更好。多张拼贴式图片多用于美食盘点、好物"种草"、旅游攻略、穿搭分享、艺术设计等内容，如图 6-17 所示。

图 6-17　小红书多张拼贴式图片封面

使用多张拼贴式图片作为封面时需要注意，为了避免图片过于凌乱、没有重点，运营者在对所有的图片进行设计、排版时，要保持各个元素的风格、色调、氛围的一致性，让整体看上去更加协调。另外，如果需要重点突出某些元素，则可通过加粗或调整颜色的方式突出显示，让内容主题一目了然。

4. 纯文字图片

运营者在设计封面时可以不局限于美图，还可以尝试用纯文字图片作为封面。

用纯文字图片作为封面更适用于"干货"分享、硬核教程、知识科普等笔记。因为笔记中涉及的内容过多，需要通过这种方式在封面中使用若干关键词向用户介绍笔记的主要内容，以此来吸引用户关注。

因此，即便是以纯文字图片作为封面，运营者在设计时也应该追求美感与趣味性，具体可以从字体、排版等方面着手，让文字看起来不那么单调，如图 6-18 所示。

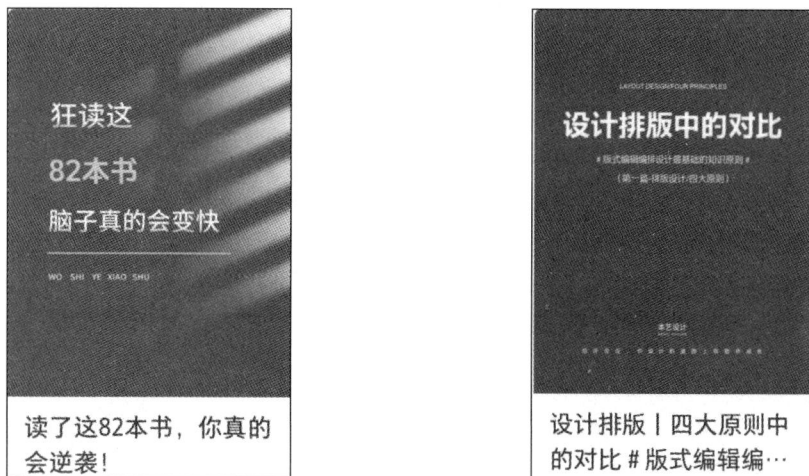

图 6-18　小红书纯文字图片封面

需要注意的是，用纯文字内容图片作为封面时，如果图片中的文字内容过于枯燥、单调，对于用户来说就不具备吸引力。虽然笔记内容可能对用户有一定用处，但是缺少了趣味性，用户点击查看笔记详情的概率就会大大降低。

课堂练习

除了上述几种封面外，你还知道哪些样式的小红书封面呢？

6.3.3　小红书的正文分类

小红书是一个"种草"平台，"种草"和"拔草"这两大类内容是用户最感兴趣的。除此之外，随着小红书定位的迭代，年轻用户群体不断聚集，"干货"类、趣味类、生活记录类这三大类内容当前在小红书上也比较受欢迎。

1. "种草"类内容

博主在日常生活中体验到好的产品后，将产品的使用感受、使用效果通过"文字+图片"的方式呈现出来。用户阅读后，快速感受到产品的魅力，进而下单购买。小红书上的"种草"类内容多以用户的感受和效果为主，为增加内容的可信度，越来越多的博主也会对产品的外观、功能、参数等信息进行介绍。

表 6-3 所示为小红书"种草"类笔记《找到了！干掉细纹/黑眼圈的超棒眼霜》的正文节选。

表 6-3　小红书"种草"类笔记示例（正文节选）

正文内容	内容分析
你永远可以相信经常熬夜的我的挖宝能力！ 这眼霜我回购 3 次了，还成功"种草"给身边同事。 不夸张！用过就没有一个不夸的！	自我身份认同： 文章开头指出作者是一名经常熬夜的人，这让相似的用户可以快速代入。之后讲述博主自己与周围人的使用体验，激起用户的好奇心，吸引用户了解产品。
凌晨睡觉对我来说是常事。 经常熬夜的人，如果不注意眼周护理，黑眼圈、细纹、肿眼泡就容易找上门来，眼周状态不好就容易显老态。	描述痛点场景： 向读者展示眼霜对于熬夜人群的必要性，明确阅读笔记的用户的痛点。
×××眼霜，我强烈建议经常熬夜的姐妹人手一支！ 各种眼部问题一键解决！称得上是全能选手一个！ 里面的配方体系都很硬核！ 核心成分包含 25%高浓度的 6D 胜肽。 行业内直接拉满的浓度！ 这款眼霜可以深入阻断纹路生成，抚平眼周细纹干纹，改善动态纹、静态纹，同时预防未来纹路，让眼周平滑细腻……	产品介绍： 对产品的配方和功能进行专业解释，增强产品及其效果的可信度。
我特别喜欢它自带的微电流按摩头， 涂眼霜的时候用它按摩好舒服，冰冰凉凉的。 微电流的震动感也不会刺激皮肤。 眼霜质地水润又轻盈，抹开很轻薄， 涂上很快就吸收，不长脂肪粒。	产品使用体验： 对产品的设计细节进行说明，突出产品优势的同时，表达博主的使用感受——"冰冰凉凉""抹开很轻薄"，强调产品"容易吸收""不长脂肪粒"等特点。
分享一些小技巧给姐妹们： 1．点涂适量眼霜在眼周； 2．按照图 6（小红书笔记详情页面上方的图片）所示，用按摩头按摩吸收，即可加快眼霜吸收，同时还能帮助促进眼周血液循环。早上用可以消肿，晚上用淡化黑眼圈、眼纹！	使用方法介绍： 分享一些使用技巧，让笔记内容更加实用。

整篇文章以经常熬夜的人的视角展开，通过介绍某品牌的眼霜，强调了其功效、使用体验和使用技巧。文章结构紧凑、逻辑清晰，通过个人经验和实例来证明产品的有效性，从而增加了文章的可信度。同时，文章"一句一行"的分段特色也契合小红书平台用户的阅读习惯，可以让用户获得更轻松的阅读体验。

2．"拔草"类内容

"拔草"原是指把不需要的草移除、拔掉，后被网络用户以"消除购买欲望"的含义进行广泛使用。用户在购物时，既想得到好产品的推荐，又想了解哪些产品不被建议购买。因此，"拔草"类内容与跟"种草"类内容一并受到用户的喜爱和关注。

很多小红书博主会创作"拔草"类内容，公布自己使用体验较差的产品，汇总自己在购买或使用产品过程中的失败经历、不良体验，避免其他用户重蹈覆辙。

以下为小红书"拔草"类笔记《千万不要过度装修！不要盲目跟风！》的正文内容。

我发现，大家都在过度装修。

其实舒适的家居氛围，是在做减法。

（1）结构减法

不提倡增加过多的结构或装饰。

举个例子：减少实体墙隔断，去客厅化等，都是不拘于空间以前的功能。

（2）线条减法

减少没有互相关联的造型。

举个例子：减少复杂吊顶，瓷砖选择以简洁为主，摒弃复杂的肌理和图案。

（3）色彩减法

减去显得突兀的旁色或分散注意力的杂色，把握简洁而贴近生活的色调。

举个例子：卧室门可以和踢脚线同色，电视柜和餐边柜同色，卧室衣柜门板一个色系，橱柜可做上下分色。

这篇笔记提出"减法装修"的理念，并分别从结构、线条和色彩 3 个方面介绍了如何在家居装修中运用这种理念。每个部分都有装修技巧和具体的例子，这使笔记内容更具实用性和可操作性。整篇文章逻辑清晰，条理分明，让用户能够轻松理解和接受所介绍的理念和方法。

3．"干货"类内容

在小红书上，第三种比较受欢迎的是"干货"类内容。"干货"是指有价值、能使用户获利的内容，这类内容最需要突出的就是"实用"二字。

表 6-4 所示为"干货"类笔记《找到问题本质，像高手一样无痛自律》的正文节选。

表 6-4　小红书"干货"类笔记示例（正文节选）

正文内容	内容分析
最近不少小伙伴给我留言说"自律好难"，今天我就来分享 8 个好东西： 1 个高手思维，帮你看清问题本质； 4 个实用的微习惯，帮你摆脱拖延症； 3 个微信隐藏功能，帮你提高效率。	开篇即引入"自律好难"的话题，并直接总述将要分享 8 个好东西，为后续的展开做好了铺垫。
（1）1 个高手思维：黄金圈法则 ① 黄金圈法则介绍 黄金圈又叫黄金思维圈，由西蒙·斯涅克提出。他关于领导力的演讲在 TED 很火。 Why（目的、理念）：为什么做 How（方法、措施）：怎么做 What（现象、成果）：做什么 你的思维：What—How—Why 高手思维：Why—How—What 在电影《时间规划局》里，工作就是为了活命。如果不工作，赚不到时间，人就会死亡。如此你还会"摆烂"吗？ ② 黄金圈法则应用 A．好习惯养成 通过 3~5 个 Why，找到问题的本质，例如，为什么要早起？为什么要学习？ B．完成领导布置的任务 问问自己：为什么领导让你来做这件事？他关注哪些方面？他看中你哪几点？ C．品牌/产品营销……	分论点一：1 个高手思维 对黄金圈法则的概念和应用进行阐述

（续表）

正文内容	内容分析
（2）4个实用的微习惯 ① 开心就好：从我想做什么做起。 ② 慢慢来：从迈出一小步开始。 ③ 今天就做这么多：把接力棒交给明天的自己。 ④ 换个说法：把被动句换成主动句。	分论点二：4个实用的微习惯 小红书对于图文内容的文字字数有限制，一般而言，笔记的文字部分需少于1000字。可能是出于这一原因，博主未对第二、三个分论点做详细阐述。
（3）3个微信隐藏功能 ① 笔记：打卡，写方案/旅游计划，可以插入图片、定位、文件，还能录音。 ② 提醒：可以选择今天及今天之后的时间。 ③ 全屏输入：再也不用跑去记事本里打字了。	分论点三：3个微信隐藏功能
可可·香奈儿说："我不是一个女英雄，但是我选择了我想成为的样子。" 从孤儿院的孤独少女，到成为一名裁缝，再到成为时尚达人，可可·香奈儿实现了经济独立和财富自由。 想清楚为什么要自律，成为想成为的样子。	"总分总"结构中，结尾处的"总"使用可可·香奈儿的金句和案例，再次强调本篇笔记的主题，呼吁用户"想清楚为什么要自律，成为想成为的样子"。

4. 趣味类内容

如果说"干货"类内容是因为能给用户带来实用价值而受到用户的欢迎，那么趣味类内容就是因为能给用户提供情绪价值而受到喜爱。比起单调枯燥的内容，新奇有趣的内容往往更受用户青睐，因为这类内容可以在很大程度上满足用户的娱乐需求，让用户感到开心、快乐。相较于其他类内容，这类内容的用户更多、传播范围更广，能在短时间内为笔记带来较大的流量。

运营者在创作趣味类内容时，需要注意以下两点。

（1）内容要具有戏剧性

常见的聚焦趣味性的内容包括恶作剧、抖包袱、讲段子、模仿秀等，这些看似荒诞、戏剧化的表演往往能带给用户冲击和反差，让人收获快乐。运营者可以在内容中添加一些稀奇、新鲜的元素，激发用户的好奇心，在吸引用户注意的同时，帮助用户疏解现实生活中的压力，从而快速拉近账号和用户之间的距离。

（2）学会制作视频

在小红书上，趣味类笔记更多是以视频笔记的形式呈现。视频由图像和声音组成，比起图文笔记能更好地渲染气氛，因此，运营者要想使笔记的趣味性更浓，除了在内容脚本上下功夫，还可以从图像和声音切入。尤其是配音，运营者在创作内容时，可以选择一些自带趣味属性的背景音乐。合适的背景音乐可以为视频营造出更好的效果。

5. 生活记录类内容

在小红书上，很多博主会分享自己的趣味家庭生活，与好朋友一起品尝美食、外出游玩的体验，以及萌宠养育的欢乐与苦恼日常等，这类内容可以归纳到生活记录类内容中。生活记录类内容的创作技巧有以下几点。

（1）注重真实性

生活记录类内容和趣味类内容类似，都是通过为用户提供情绪价值而吸引用户。只不过和趣味类内容相比，这类内容更注重真实性。真实性也是小红书平台一直倡导和鼓励的理念。很多受用户欢迎的生活记录类内容，并没有高超的视频拍摄和剪辑技巧，只是简单地拍摄真实的日常，但仍然能吸引较多的粉丝。

（2）不过于随意

小红书有着大量的女性用户，女性天然对于美好的、积极向上的事物更为青睐。在内容导向上，呈现在小红书用户眼前的内容都应传播正能量及正向的价值观。在内容形式上，不论是图文笔记的排版，还是视频内容的画面布景，都应保持整洁、美观。

课堂练习

请在小红书平台发布一篇笔记，并尝试使用 AIGC 工具辅助生成文案和配图。

6.4　小红书的运营模式

伴随着小红书平台商业体系的日渐完善，很多企业和品牌纷纷将目光迁移到小红书，试图通过运营小红书，扩大自身影响力和产品销量。掌握以下 3 种典型的运营模式有助于企业和品牌有的放矢地在小红书平台上进行布局。

6.4.1　常规运营模式：垂类内容+人设打造+社区建设

为了让账号的标签更明显，使账号内容吸引到更精准的用户，运营者往往需深耕某一领域并进行持续输出。在小红书上，这样的垂类账号不在少数。要想在垂类赛道运营得更长久，运营者需要注意以下两点。

1. 垂类内容：硬核"干货"

小红书用户普遍偏好具有深度和实用性的内容。运营者应专注于特定领域，提供详尽的教程、评测或心得分享。例如，摄影类账号可以深入探讨摄影技巧、不同摄影设备性能分析、个性化设备购买方案推荐等。图 6-19 所示为小红书垂类"干货"笔记截图，笔记中汇总了相机的区别、画幅的区别、镜头的分类等有关相机摄影的基础知识，用户看完即可对这一领域有初步的了解。

运营者在进行"干货"内容输出时，要注意把控内容的理解难度，专业的名词和深奥的理论知识对于毫无经验的用户而言较难理解和记忆，因此，在讲解"干货"内容时，运营者一定要注意避免出现过多的专业词汇，多用大白话，多用常见道具和场景进行类比。

2. 人设打造：独特、新颖

打造一个新颖、独特的人设有助于运营者所运营账号从一众竞品中脱颖而出。以小红书护肤类账号为例，一般的账号人设多为美妆店铺、企业的销售员、美妆博主或其他相关领域的 KOC，在此情况下，"化学系汪汪爱护肤"这一账号的人设——一个更懂化学的女孩子就显得独特、新颖。

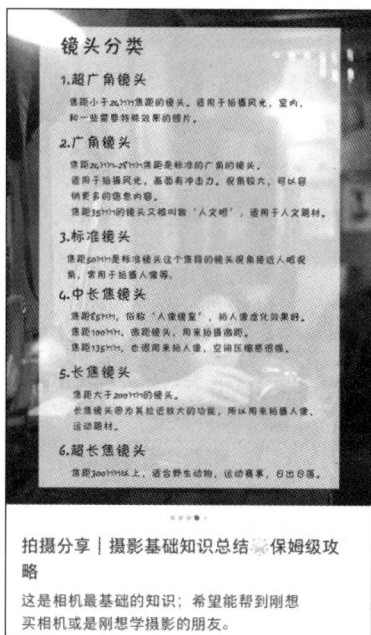

图 6-19　小红书垂类"干货"笔记截图

这一人设区别于常见的美妆账号人设，但又显得合情合理。影响化妆品功效好坏的关键因素是化妆品的成分，而高校的化学系正是学生学习各类物质成分、掌握相关科学知识的基地。该账号所输出的内容会比一般的美妆从业者讲解的内容更具科学性，更易赢得用户的信任。

运营者在设立账号人设时，一定要找准运营者个人或企业独特的标签，将自己的账号与其他同类账号区别开来。运营者可以从个人或企业过往取得的成就中寻找优势标签，个人账号的运营者甚至可以将自身的外貌特征展示出来，作为自己的新颖人设，如"大头儿子""大耳朵图图"等，这类标签也会令人设更为丰满和真实。

3. 社区建设：打造归属感

在提供"干货"的同时，运营者需要积极与用户互动，建立起社区的归属感。通过问答、评论回复、用户投稿等方式，让用户参与到内容创作和讨论中来。这样的互动不仅能增强用户的归属感，还能为运营者提供宝贵的用户反馈，用于优化内容和服务。

社区建设的首要任务是建立用户的认同感。运营者可以设定共同的兴趣或目标吸引用户参与。例如，某小红书美食类账号通过设立"每周食谱挑战"活动来聚集具有相同爱好的用户，某旅行达人的小红书账号通过发起"我的旅行故事"征集活动，邀请用户分享自己的旅行经历和心得，并精选用户故事，将其发布于自己的小红书账号上。这类举措有利于形成一个具有共同价值观和目标的社区，不仅丰富了内容的多样性，还让用户感受到了自己的价值和重要性，从而增强了用户的参与感、归属感和社区的凝聚力。

6.4.2　口碑出圈模式："爆款"产品+创作者造势

很多企业会在小红书邀请适合的账号运营者体验自家的"爆款"产品，让他们发布具有真实体验感的分享文章，来吸引更多用户的关注甚至是购买。

1. "爆款"产品

企业一旦选择口碑出圈的运营方式，就必须确保所选产品在功效、价格、外观方面都具备一定竞争力。一般情况下，大品牌会选择即将上线的新品作为"爆款"产品，因为品牌本身已经具备知名度，在全网拥有数量可观的粉丝，粉丝对于新品的关注度会更高。

如果是新晋品牌，那么一定要选择使用之后能够明显看到效果，且价格不是特别高昂、外观又非常精美的产品，也就是俗话说的"性价比超高"的产品。因为平台用户对新晋品牌本身没有信任感，更具竞争力的价格能够让用户的决策成本降低，用户有更大概率选择尝试。与此同时，精致的外观能使用户感觉愉悦和体面，能让用户在使用产品前就对产品产生好感。较为明显的"使用前"和"使用后"效果对比能让运营者和其他用户对产品产生认可，自发地为企业品牌和产品进行口碑传播。

2. 创作者造势

与其他媒体平台不同的是，小红书的"种草"更依托腰部和尾部运营者，更注重群体讨论。很多企业会选择粉丝数量不太多但输出内容非常专业且优质的账号来合作，邀请账号运营者输出关于自家产品或服务的体验分享。选择与这类小红书账号的运营者进行合作，有以下好处。

第一，这类账号的运营者和平台用户之间的距离比较近，可能是用户身边的 KOC。其输出的内容对用户而言更真实、可信。

第二，与那些动辄收取高昂广告费、坑位费的头部账号运营者相比，这些腰部和尾部账号运营者的收费更为低廉，利于企业进行批量投放。

第三，这些腰部和尾部账号的运营者有更多时间和精力与用户进行及时互动和讨论。这在无形当中也会增加用户的良好体验感及笔记的真实性，用户下单概率也更大。

6.4.3 获客到店模式："干货"内容创作+线上线下联动

随着大量线下实体店铺将业务逐步转移至线上，越来越多的店主选择在小红书创建账号，一方面分享自己的店铺经营日常，展示自己的生活态度，另一方面是让更多人知晓自己的店铺，促成用户到店体验。

1. "干货"输出

具有店主人设的账号运营者通常会分享一些店内日常经营过程中的趣事、顾客的故事，以及店主个人对于所处行业的认知、实用的选品技巧等。例如，一家线下实体书店的店主在小红书开设账号后，发布了一系列读书视频和书店新书到店后的开箱视频，用户在观看视频的过程中不仅能深刻感受到这位店主对书籍的热爱，还能了解书店热卖图书的信息，自然而然地被"种草"，进而成为其小红书店铺或线下店铺的顾客。

2. 关键词标签植入

具有店主人设的账号的运营者在输出内容时，应注重在笔记标题和正文中植入关键词标签。常见的关键词标签包括以下 5 种。

① 账号所属垂类领域，如读书、美食、育儿等。

② 账号所属垂类的细分热门关键词，如读书类目下的"心理疗愈""职场成长"、美食领域的"自助餐""火锅"等。

③ 账号所运营线下店铺的位置，如北京、上海、武汉等。

④ 账号及店铺的目标客户及场景，如读书类目下的"中小学课外读物""职场小白必读"等、美食领域的"大学生团建""小学生午餐"等。

⑤ 价格或服务方面的关键词，如"平价民宿""包三餐的平价民宿"等。

3. 定位显示

除了在小红书笔记正文中加入位置标签外，运营者还可以在发布笔记时设置显示自己店铺的地理定位，便于吸引本地及周边地区的用户。在店铺附近的用户如若有需求，就会通过小红书笔记上设置的地点找到店铺并进行实地体验及消费。

4. 互动活动

为了更好地实现获客到店，运营者还可以定期举办一些线上、线下的互动活动。

（1）线上互动活动

运营者可以开展线上抽奖活动。例如，某家咖啡店的店主就曾在小红书上发起抽奖，奖品是店内的特色咖啡券，这吸引了众多用户参与，成功增加了店铺的曝光度。

运营者还可以举办线上问答活动，让用户提出对店铺的疑问或建议，增进与用户的交流。

（2）线下互动活动

运营者可以在线下组织主题沙龙。例如，某烘焙店举办烘焙技巧分享沙龙，邀请专业烘焙师现场教学，参与者可以亲手体验制作过程，该烘焙店除了通过线下打广告的方式邀请同城用户外，还通过其小红书账号发布主题沙龙信息，吸引同城及周边城市的同好用户前来体验。这种活动不仅能进一步增强店铺与用户之间的互动和联系，还能提升用户对店铺的关注度和好感度。

课堂讨论

根据本节所讲的小红书平台运营模式，寻找对应的个人及品牌运营案例，并和同学们分享。

思考与练习

请你制定一份小红书的平台运营方案。方案内容需包含账号定位、内容类型与发布策略、账号设置、竞品账号数据分析等内容。可以尝试使用 AIGC 工具帮助你完成方案的制定。

PART 07

第七章
知乎运营

学习目标
- ➤ 了解知乎的发展历程。
- ➤ 了解知乎的推荐机制和内容形式。
- ➤ 掌握知乎的运营模式。

素养目标
- ➤ 把握知识分享趋势，促进知识经济发展。
- ➤ 学习平台专业解答模式，响应内容精品化战略。
- ➤ 实现商业与知识结合，推动数字经济创新。

　　在面对生活、学习、工作上的问题时，人们往往期望快速找到问题的答案。基于这样的用户需求，知乎平台应运而生，并迅速成长为国内领先的问答社区。"有问题上知乎"已经成为当下年轻人的生活方式。本章将讲述知乎的发展历程、主要功能、推荐机制、商业价值、内容形式与创作、运营模式，帮助运营者认识知乎这一平台带来的机遇与价值。

7.1 知乎概述

知乎不仅扮演着知识分享与传播的重要角色，还逐渐成为一个活跃的内容生态系统，连接起了用户、创作者、品牌等不同主体，更形成了自己独特的社区文化。探索知乎的发展之路，可以让运营者更深入理解这一影响广泛的新生代社区的成长轨迹与运营模式。

7.1.1 知乎的基本介绍

知乎以问答交流为核心。平台用户可通过在线发布各类生活或专业问题，由同平台的其他用户提供解答方案；用户也可以为其他用户答疑解惑，分享自己的知识和见解。另外，知乎平台还允许用户发布图片、文字、视频、直播等格式的原创内容，发表自己的专业见解和生活感悟。知乎凭借认真、专业、有趣的社区氛围，已经发展成国内领先的知识分享社区，汇聚了大量专家、学者、领域爱好者等高素质用户，被称为"高质量内容的聚集地"。

随着知乎平台日趋火热，其商业模式也陆续被开发完善。知乎不仅获得多家投资机构的青睐，还吸引了众多企业与品牌的关注。通过商品推广、广告投放等手段，知乎正在打造一个以内容为核心的商业生态系统。2022年知乎财报显示，知乎仅在2022年的营收就已经达到36亿元，其平均月度活跃用户数也已突破1亿。

7.1.2 知乎的发展历程

自正式上线以来，知乎就不断探索着自身的发展道路，经历了几次重要的变革。其发展历程可分为3个阶段，即起步探索期、爆发增长期、商业模式完善期。

1. 起步探索期（2010年—2012年）

知乎社区于2010年12月正式开放，经过内部测试和迭代后，于2011年1月正式上线。在这个时期知乎采取邀请制模式，通过内部分享渠道，有针对性地邀请相关领域的专家、学者、评论员等优质用户入驻，并进行专业的知识分享和高质量的内容输出。这一阶段的知乎始终致力于打造"小众化、高质量"的社区氛围，积累创始团队及核心用户群，并在此基础上逐步改善产品和运营方式。可以说，此阶段是知乎打磨产品、沉淀内容与用户的关键时期，奠定了其成为"专业"和"认真"的知识分享社区的基础。

2. 爆发增长期（2013年—2016年）

2013年4月，知乎平台取消邀请制，全面开放注册。此后仅一年时间，注册用户数便从之前的40万猛增至400万，平台进入了高速增长的轨道。这一时期，知乎在用户结构和内容类别上都得到极大拓展，平台影响力和知名度快速提高。

随着"知识付费"概念的逐步兴盛，2016年知乎陆续推出"值乎""知乎Live"等多个知识付费功能板块，还逐步完善了从超级会员到盐选会员的付费会员体系。知乎的商业版图日趋完善。可以说，经过前期的积淀，知乎在这一阶段迎来了爆发式增长，初步确立了自身的品牌影响力。

3．商业模式完善期（2017 年至今）

2017 年以后，知乎的商业化进程不断深入。知乎得到大量资本的融资支持，迈入"独角兽企业"（投资界术语，一般指成立时间不超过 10 年，估值超过 10 亿美元，并且获得过私募投资且尚未上市的创业企业）行列。与此同时，知乎的商业模式和内容生态也正逐步迭代与完善。具体来说，知乎加强了用户权益保护力度，将原有的"知识市场"升级为"知乎大学"，推出直播功能。知乎的商业价值进一步显现，最终知乎于 2022 年 4 月在香港交易所上市。

前期的高速增长使知乎确立了自身影响力。而在当前阶段，知乎通过商业化的探索，进一步提升平台价值，向企业型知识社区品牌迈进。这是知乎发展道路上的重要转型。

> **课堂讨论**
>
> 你和你身边的朋友使用过知乎吗？你们通常在什么情况下会主动打开知乎搜索内容？

7.2　知乎的功能与机制

作为以问答社区为核心的平台，知乎在功能与推荐机制上都有自己的特点，这也给了运营者展示优质内容、进行宣传推广、实现商业变现的机会。本节将简要介绍知乎平台的主要功能和推荐机制，帮助读者理解知乎平台的商业价值。

7.2.1　知乎的主要功能

知乎作为行业领先的在线知识问答社区，提供了丰富的产品功能来满足用户的知识交流和消费需求。

1．问答功能

问答是知乎最基础也最核心的功能，是内容的发源地，也是维持用户活跃度的关键。用户可在知乎上提出或回答各种类型的问题，从学习、工作、生活到娱乐、兴趣、情感等各个领域。另外，知乎的问答还支持邀请功能，用户有机会邀请自己认可的其他用户来回答相关问题。图 7-1 所示为知乎问答页面。

图 7-1　知乎问答页面

2. 文章专栏功能

文章专栏是知乎另一个重要的内容形式，用户可以在此发表文本类内容，覆盖生活、专业、创意等广泛领域。文章专栏支持丰富的媒体插入和样式定制，以便用户创作、归纳整理，或者围绕一个兴趣话题进行系列化构思。丰富的创作工具激发用户的写作激情，也丰富了知乎的内容体系。图7-2所示为知乎文章专栏页面。

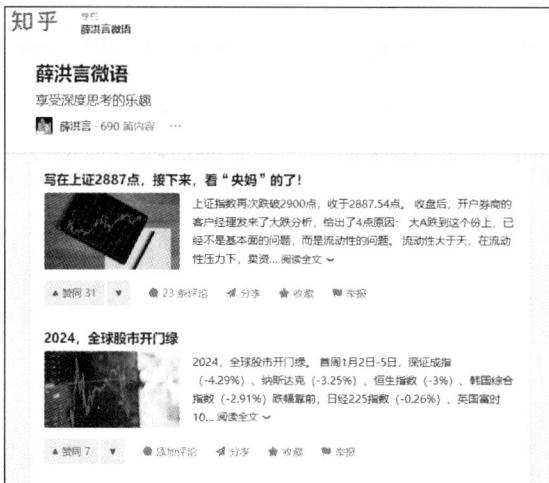

图7-2　知乎文章专栏页面

3. 付费功能

知识服务是知乎商业化探索的重要一步。通过付费功能，用户可以在知乎上获取或提供以下4种类型的知识服务。

（1）付费咨询

付费咨询是指用户直接付费获取创作者的解答文档或音频等内容，相当于一种知识电商形式。

（2）知乎Live

知乎Live是知乎的一种实时语音问答产品。用户可以在知乎Live中参与或主持各种主题的语音讨论，与知乎上的专家或意见领袖进行互动和学习，从而获得一定的收益或奖励。

（3）会员服务

知乎设有多级别付费会员服务。会员不仅可以获得内容特权，还可以获得平台互动和社区活动方面的优惠。

（4）知乎大学

知乎大学提供各种类型的在线课程，供用户在线学习各领域知识。

这些付费功能相当于以知识服务为核心，形成了一个基于用户付费支撑的商业体系，为专业领域的账号运营者提供了用知识技能获取收益的机会。

7.2.2　知乎的推荐机制

在海量信息的互联网时代，推荐机制的重要性日益凸显。知乎建立了自己的个性化推荐机制，帮助用户高效获取感兴趣且优质的知识内容。知乎平台的推荐机制以话题权重推荐为主，以频道推荐、订阅推荐为辅。

1. 话题权重推荐

知乎的内容推荐考量了用户在不同话题领域下的历史答题积累和贡献度，一般将其称为"话题权重"。具体而言，如果一个用户在某一话题领域持续发布内容，并获得了较多的点赞、评论等反馈，那么该用户在此话题领域的权重就会提高。当该话题领域出现新问题时，拥有较高权重的用户的回答被展示与推荐的可能性也会增加。

举例来说，用户小 A 在"互联网"这一话题领域持续发表高质量内容，那么小 A 在"互联网"话题领域的权重就会比其他用户高，其被平台推荐与展现的概率也就更大。

由此可见，这种基于历史贡献的个性化权重机制既能满足用户得到高质量解答的需求，又使优质内容更容易传播和变现。

2. 频道推荐

除了考量用户的历史贡献与权重，知乎还会根据单篇内容的质量和反馈指标进行评估，确定"频道推荐"的机制。如果一篇文章或答案的内容足够优质，浏览量、点赞量等互动数据比较好，就更有可能进入特色频道被推送展示。这种推荐方式降低了用户"垂直度"的门槛，基于单篇文章的创作者也有机会通过产出高质量的原创内容在平台上获得更多曝光。哪怕创作者并未持续深耕某一领域，只要单篇内容足够出彩，就能被曝光展现。

3. 订阅推荐

与其他新媒体平台一样，知乎允许用户对感兴趣的问题、文章创作者进行关注订阅。用户订阅某位创作者后，后续这位创作者有任何内容更新，包括发布想法、回答、文章专栏等，用户都能通过私信和关注页面得到及时的推送通知，实现持续关注。这种"人际关系链"式的订阅推荐方式可以帮助用户轻松跟进感兴趣创作者的最新动态。

7.2.3 知乎的商业价值

知乎作为国内领先的在线知识问答社区，在高速发展的过程中凸显了自身的平台价值和商业潜力。这不仅吸引了越来越多的企业和品牌前来入驻与合作，还促使知乎不断探索以知识问答为核心的商业模式，并发挥其独特价值。知乎展现的核心商业价值主要有以下几个方面。

1. 锁定年轻群体，掌握未来市场

知乎官方公布的用户调查数据显示，30 岁以下用户数占总用户数的 75%。如此庞大的年轻群体为平台商业化及品牌在知乎营销提供了强大的流量支持，也带来了空前的未来市场和庞大的潜在消费力。年轻一代崛起成为消费主力军的大趋势使知乎成为连接未来市场和掌握消费趋势的独特平台。

2. 精准流量入驻，变现潜力巨大

知乎上积累了大量寻求问题解答、渴望获得新知识的年轻用户。这些用户背后的行为习惯和消费需求为运营者提供了宝贵且精准的营销机会。知乎的用户画像非常具体，主要为拥有良好教育背景的都市白领和大学生。同时，知乎提供的问答功能也直截了当地暴露出提问者的需求。与依靠算法匹配的传统问答平台不同，知乎上的问题回答更加具体和针对性。用户发问时需要描述所面临的实际困难，内容创作者也会基于这一背景进行定制化解答。这种

高匹配度的问答形式更好地满足了用户的个性化需求，从而增强了他们的付费意愿。

如此精准的需求也为运营者带来巨大的变现空间。很多企业或品牌纷纷开设知乎账号，寻找与自身行业、产品领域相关的知乎提问，并借助回答问题的机会宣传自己的品牌或产品。高质量的问题答疑和详尽且专业的分析可以为运营账号提升影响力。例如，泛心理学媒体品牌"KnowYourself"就是通过这种方式在知乎实现了流量变现与品牌"出圈"，图7-3所示为该品牌的知乎账号主页。

图 7-3 "KnowYourself" 知乎账号主页

3．商业模式完善，付费功能丰富

知乎在商业化进程中，逐步构建了丰富的付费功能体系。这不仅满足了用户的个性化知识需求，还为运营者提供了商业变现的机会。

4．品牌与资本押注，流量红利凸显

随着知乎平台价值的显现和商业模式的成熟，越来越多的头部企业和品牌选择与知乎开展营销合作，包括腾讯、百度、联想等一线互联网企业，以及去哪儿网、机核网、来福士等垂直领域品牌。同时，知乎也获得了高瓴资本、百度资本、腾讯等顶级投资机构的青睐。

由此可见，商业价值是知乎平台获得广泛认可和信任的重要体现。它不仅带来了直接的财务支持，还在品牌建设和用户口碑中发挥了重要作用。众多头部品牌的加持为知乎带来了更丰富的营销资源，也就为平台用户提供了更多利润补贴。这种正向循环为知乎商业模式的成熟提供了有力支撑。

课堂练习

请打开知乎 App，并将该平台上的主要功能和内容板块都浏览一遍。

7.3　知乎的内容形式与创作

知乎的内容形式即知乎平台内的主要创作形式，包括文字、图片、视频等多种形式，创作者可以通过这些形式创作内容。运营者通过探究其中的创作规律，可以更好地运营知乎账

号，安排内容输出的节奏，完善自身的新媒体平台布局。

7.3.1　知识解答

作为一个综合性知识社区，知乎平台在内容形式上最显著的特色便是"知识解答"。

1. 知识解答的定义

与其他新媒体平台不同，知乎以问答形式呈现主要内容。用户可以提出自己正在面临的实际生活困惑，或者探究某个学科、行业、新闻事件、知识领域的难题，并请求获得解答和指导。正因如此，知乎平台的创作者也可以被称为问题的回答者，或者"答主"。这些答主可选择与自己知识领域相关的问题进行回复解答，提供专业建议或指导意见。

例如，平台用户提出问题："想接触自媒体，我先从哪里下手？"回答者针对问题进行了全面的解答，如图 7-4 所示。这样的解答一般基于创作者自己的专业领域，更显创作者的专业态度和专业素养，也更容易被接受与认可。

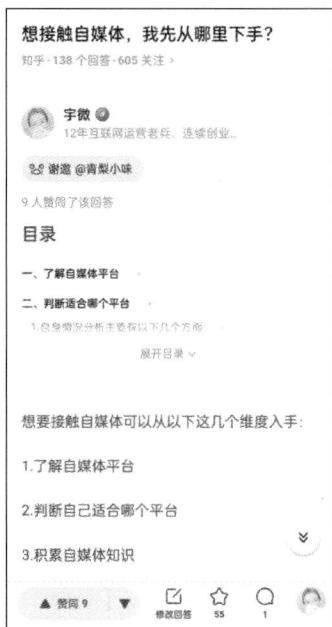

图 7-4　知识解答

2. 知识解答的特点

知识解答的显著特点是针对性和实用性。

在针对性方面，回答者需要基于提问背景进行定制化解答。例如，对于学生选课的困惑，回答者要考虑到其年级、专业；对于旅游路线规划的问题，要明确出行人群；对于工作选择的困扰，要结合其行业与职业情况给出建议。这也意味着回答者不可"跑题""偏题"，不可过度发散。

在实用性方面，回答者需要基于问题描述的背景和状态，给出可操作性强的建议，真正帮助提问者解决实际困难或解答疑问，而不是给出空泛的讲解。与搜索引擎获得的通用化内容不同，这种高匹配度的"问题"与"解答"，更能获得用户的认可。

3. 知识解答的创作

知识解答类内容主要依托创作者的专业经验和知识积累，同时也要求根据具体问题具体解答，一般来说没有特定的创作模板。但在创作时需要注意以下两个要点。

第一点，首先明确身份和资历。回答者的专业权威性至关重要，所以在回答问题时可在文中明确相关经历、从业时间等信息，以证明自己是可信的知识提供者。例如，针对"抖音怎么做自然流量起号？"的问题，回答者首先表明自己的身份是"0 投入的穷人+新手"，且最终实现"每天变现 200 多元"，如图 7-5 所示。

图 7-5　首先明确身份和资历的回答

第二点，尽可能避免堆砌专业词汇，使用通俗易懂的语言表达。知乎是一个开放的内容平台，只有内容足够通俗易懂，才能更好地得到用户认同。例如，生物与医学领域的创作者"李雷"在解答健康问题时广泛使用图片和案例，采用亲切的口吻，简化专业知识，令普通用户也能轻松理解，如图 7-6 所示。

图 7-6　答主通俗易懂的回答

7.3.2　经验"种草"

与知识解读的专业性、知识性内容不同，经验"种草"一般指更加经验化、生活化的产品使用体验分享。这一内容与商业化产品息息相关，是运营者在知乎平台商业变现的重要渠道。

1. 经验"种草"的定义

类似小红书平台，知乎也存在一定数量的用户希望通过提问获得他人对于某一品牌或产品的使用体验与真实评价，以降低自己消费时的风险。

与知识解答不同，知乎的经验"种草"问题降低了回答的门槛。用户无须成为某一知识领域的专家，只需亲自体验产品便能回答问题。这也使知乎具备"售后评价"和"使用报告"的商业性质功能，为更多创作者提供分享的机会。很多创作者会主动分享自己在购物和使用产品时的体验和感受，从而发挥"种草"效应。

2021 年知乎商业大会将有机会发挥"种草"效应的问题分为 3 类，如图 7-7 所示。

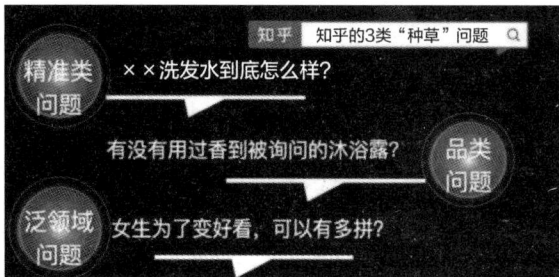

图 7-7　知乎的 3 类"种草"问题

（1）精准类问题。这类问题针对性很强，能引起特定用户群的兴趣。例如，关于某一品牌的电竞椅、机械键盘、游戏手机等产品的详细咨询。这类问题直接点明品牌与产品，能够吸引相应的用户分享使用体验与评价。

（2）品类问题。这类问题范围更广，涉及某一品类产品的比较、评价、推荐等。例如，哪款沐浴露更香、哪款笔记本电脑更好？

（3）泛领域问题。这类问题与商业产品无直接关联，但与生活消费息息相关，覆盖面较广，也为产品推广提供了机会。

正因为其商业性质，经验"种草"这一内容形式成为商业营销的重要方式。运营者会根据品牌方的要求，在知乎上回答问题，借机推荐宣传品牌产品，以实现商业盈利。

图 7-8 所示为创作者使用完某款面膜后根据真实体验给出的回答内容。从案例中不难看出，回答者采用真诚、坦白的语言风格，在情感上拉近与其他用户的距离，使回答显得真实可信，也更容易说服用户进行购买。

图 7-8　用户解答产品问题

2. 经验"种草"的特点

经验"种草"型问答更具备经验性和商业性。

在经验性方面，这类内容往往基于创作者真实的产品使用经历，包含详细的购买过程、使用步骤和感受，因此也更强调客观公正、真实可信。

之所以称这一类型具有"商业性"，是因为其内容大部分与企业、商家、品牌、购物消费有关，直接影响了用户的消费倾向与欲望。这类内容一旦获得用户信任，就有可能被转发扩散，从而实现商业广告一般的口碑营销效果。

3. 经验"种草"的创作

知乎的经验"种草"内容一般基于创作者的实际购买经验而创作，更加理性、全面与客观，呈现出的内容形式也更加多元化。一般来讲，知乎经验"种草"内容主要有以下 3 种类型（见表 7-1）。

表 7-1　知乎经验"种草"内容的主要类型

类型	客观对比型	解决方案型	故事分享型
开篇	亮明身份+评判标准	展示问题与冲突+设置悬念	传递情绪价值+晒出相同经历
正文	产品分类介绍+剖析优缺点	给出解决方案+描述解决的过程	晒出心路历程+亮出解决办法
结尾	总结评价+购买指导	下结论+推荐产品	推荐产品
特点	专业客观	卖点突出	个人经验

图 7-9 所示为知乎客观对比型内容。创作者首先表明自己测评了 33 款 400 元以下的电动牙刷，并附上相应照片，增加可信度。接着，创作者依次列出评测选品、测试材料、测试方法、打分方法等信息，一步步进行全面、客观、有依据的对比打分，最后针对不同人群给出购买指导。

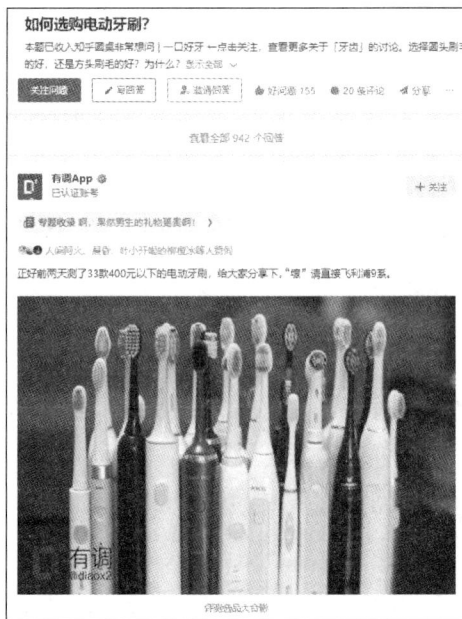

图 7-9　客观对比型内容

图 7-10 所示为知乎解决方案型内容。开头部分创作者直接点明观点："买随身 Wi-Fi 用就可以，没必要装宽带"。直截了当的结论引发了用户的好奇与疑惑。随后，创作者讲述了自己长期在外地工作，全靠随身 Wi-Fi 的经历。通过分享亲身体验，创作者真诚地推荐了产品。

以我的亲身经历，买随身Wi-Fi用就可以，没必要装宽带。

笔者在北京工作3年、广州1年、西安1年，完全依靠随身Wi-Fi度日，真的要比拉网线好太多。

图 7-10　解决方案型内容

图 7-11 所示为知乎故事分享型内容。开头部分创作者讲述父亲同样面临胡须剃不净的困扰，与用户建立了情感上的共鸣，使用户建立起解决问题的信心，从而更有阅读完整篇文章的动力。

我爸爸之前也被这个问题所困扰，换了无数剃须刀。明明络腮胡朋友用着剃得非常干净才推荐给我们，可我爸爸用完依旧残留一脸胡渣，看着脏脏的，非常苦恼。还得定期去找专业刮脸的来处理，刮完才好一些。

图 7-11　故事分享型内容

7.3.3　小说故事

尽管知乎以知识问答社区闻名，但随着平台的长期发展，也有很多新兴的内容形式入驻。小说故事就是其中一种。

1. 小说故事的定义

小说故事是指在知乎创作的虚构类的小说故事。用户可在知乎申请成为"盐选作者"，或在部分问题下进行虚构创作，输出短篇或中长篇小说故事。其中，引人入胜、情节跌宕的短篇故事已成为知乎的一大潮流。

2. 小说故事的创作

在短篇故事创作方面，知乎已形成了颇有特色的"知乎体"风格，典型特征为第一人称视角、节奏明快、故事跌宕起伏。为鼓励短篇故事的创作，知乎推出了一系列扶持激励政策，如设置"付费盐选专栏"展示作品、实施打赏机制等。这些举措因势利导，吸引了不少有创作才华的创作者。

有的创作者直接在问答板块中撰写小说，以回答的方式呈现小说内容，并吸引感兴趣的用户付费看全文。需要注意的是，有些创作者是在与小说相关的提问下写小说内容的回答，例如，有用户提问"求好看的小说推荐"，在这一提问下"回复"小说内容，能吸引感兴趣的读者观看、点赞甚至付费，但有的创作者会在与小说不相关的提问下"回复"小说内容，这种生硬地输出小说内容的做法，往往容易引起用户的反感。

知乎开设"盐选专栏"，为创作者提供撰写小说故事的平台。图 7-12 所示为知乎小说故事页面。

图 7-12　知乎小说故事页面

在知乎平台上创作小说故事，要注意起承转合。

首先，在"起"的部分，需要易读、有趣、引人入胜。明确主人公和主要故事线，尽量用一句话表明角色的目标、遭遇或渴望，吸引用户注意并建立情感连接。

其次，在"承"的部分，需要描写主人公实现目标（或展开冲突）的过程和所遇的阻碍。这是内容的中心部分，需要用跌宕起伏的剧情留住用户，调动起他们的情绪，使用户继续阅读接下来的故事。

再次，在"转"的部分，需要构建高潮情节。当主人公遭遇最大的困难与危机时，需要有重要的转折点来打破僵局，推动情绪。这些情节可以是获得他人的帮助、主人公的成长突破、局面的逆转……情节的高潮点能最大化地激发用户的代入感，让用户的情绪得到充分释放。

最后，在"合"的部分则需要合理安排主人公的最终命运。喜或悲，成功或失败，都要引发用户的思考及情绪上的共鸣。

此外，撰写知乎短篇故事时要以情节为主，无须过多的场景描写或配角描写，以免分散用户的注意力；多使用第一人称叙事，以加强用户的代入感。

课堂练习

请打开知乎 App，找到平台上的问题页面，并选择一个问题进行回答。

7.4　知乎的运营模式

知乎的逐步发展与商业模式的逐步成熟吸引来众多个人、企业、品牌与机构的注意力。而知乎平台偏年轻化的用户群，更是为运营者们提供了抓住未来 5～10 年消费主力军的机遇。经过多年发展，知乎已形成了几种较为成熟的运营模式。

7.4.1　常规运营模式：明确定位+优质输出

常规运营模式指运营者明确自己的专业领域，并在此领域持续输出优质内容，包括问答、文章或视频内容。这种运营模式较为常见，同时适用于个人创作者与企业等组织机构的运营者。

1. 明确定位，打造人设

知乎是强调专业性和权威性的知识类社区，无论个人创作者还是企业、品牌的运营者，首先都需要明确自己的身份定位与擅长领域，打造自己的"专业人设"。这有助于获得用户认可，与用户建立真实、可靠的联系，也为运营者后续的内容输出提供权威性保证。值得注意的是，运营者明确的身份定位一定要与自己后续输出的内容强相关，这样才能让个人价值得到更好的发挥。

知乎平台为个人与组织都提供了认证的功能。图 7-13 所示为一位知乎个人创作者的专业领域认证信息。"光学工程博士"的认证有助于他在光学与物理学领域输出内容。

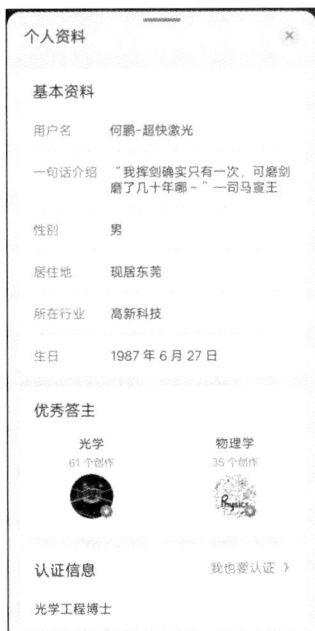

图 7-13　知乎用户认证

代表企业、品牌的运营者也可在知乎申请专业认证。图 7-14 所示为知乎账号"天眼查"的企业认证。

对企业等组织机构来说，官方账号的口吻虽然严谨，但免不了会产生距离感，因此企业运营者可以从"角色性格"上着手，为自己打造人设。例如，天眼查的知乎账号为自己赋予"天眼妹"的亲切角色身份，用俏皮的话语与平台用户拉近距离，在字里行间突出"严谨""客观""有洞察力""靠谱"的专业属性，如图7-15所示。

图7-14 知乎企业认证

图7-15 "天眼妹"的人设

2. 优质内容，持续输出

运营者专业的定位是用户信任与认同的保障，输出真材实料的内容则是用户持续关注的动力。正式确立运营的定位和人设，证明了自身的专业性后，接下来的关键便是内容的输出。具体来讲，运营者需做到以下3点：深耕领域、内容优质、持续输出。

（1）深耕领域

运营者需尽量保证持续创作与自身领域相关的内容。知乎平台会对某一领域的专家进行推广扶持，用户也更期待自己关注的专业账号能分享自己感兴趣的内容。因此运营者需主动寻找并回答与自身专业领域相关的问题，或者选择相应的标签进行创作，最终成为该领域的知识分享专家。

（2）内容优质

在内容方面，质量自然是重中之重。运营者要在选定的领域内提供真知灼见，解决用户的实际困惑。内容要有深度，避免浅尝辄止、粗糙片面；同时又要通俗易懂，亲切有趣。运营者只有输出高质量的内容才能持续获取用户关注。

（3）持续输出

稳定和持续地产出有价值的内容是长线运营的关键。运营者可坚持每日或每周定期更新，创作内容包括且不限于回答问题、发表文章、撰写专栏、连载故事、视频直播等，可以有短篇问答，也可以有深度长文，让用户有"追"下去的动力。

例如，知名的知乎创作者李雷在所属的生物领域下发布两千余条回答，如图7-16所示。

也正是这样的持续专业的高频产出，才赢得了用户的信赖，收获了近百万粉丝。

图 7-16　李雷的内容输出

企业运营者同样可以寻找自己专业领域的问题，不断撰写优质回答或发表文章，以提高自己的曝光率。在企业品牌各自的专业领域，都能看到账号运营者们积极回答问题的身影。例如，奥迪官方账号就针对自身所属汽车领域的相关问题进行了回答，如图 7-17 所示。

图 7-17　奥迪的回答内容

当个人创作者持续经营自己的知乎账号，获得一定的粉丝与影响力后，便可以通过知识付费专栏、接商业软广、与品牌合作等方式进行商业变现。而对于企业品牌来说，除了细水长流地输出内容，更多的是采用商业化运营模式。

7.4.2 商业运营模式：官方活动+用户助力

相比常规运营模式，商业运营则是一种更适用于企业品牌的商业化运营模式。它是指企业品牌通过知乎发布相应的宣传活动，推广产品、鼓励消费、提升品牌影响力的商业营销行为。

1. 官方活动

商业的营销运营活动在互联网与新媒体领域非常常见，而与知乎这一知识社区结合时，又诞生了许多新的可能。依托知乎平台的活动广场、问答社区，运营者可发布商业活动、提出相关问题，借机宣传推广商业产品。

（1）活动广场

知名度和影响力是吸引用户的关键。对此，知乎专门开设了"活动广场"平台，频繁与企业品牌合作，展开各类商业品牌活动，如知乎众测、创作大赛、品牌日活动、内容联合出品等，如图 7-18 所示。

图 7-18 知乎活动广场

知乎众测活动是由知乎平台或品牌方发起，鼓励用户对产品进行试用，最终形成真实、具备参考价值的使用评测报告。对于新晋品牌或新款产品来说，扩大品牌知名度和获得初期用户是其持续发展的重中之重。因此知乎真实用户的先行试用有助于品牌形成口碑效应，得到讨论与传播。只要经过平台审核，品牌方即可在此发布试用任务，供有资格的用户体验产品并发布测评。图 7-19 所示为迪奥、创维等品牌方的评测活动宣传页面。

图 7-19　知乎评测活动宣传页面

除了独具特色的"知乎众测"，其他商业品牌活动在知乎也层出不穷。这些活动结合了品牌方的特点与知乎知识平台的特长，主要是激励平台用户参与讨论、发布文章，从而扩大品牌影响力。图 7-20 所示为某汽车品牌的知乎商业活动海报。品牌方与知乎合作，邀请知乎答主回答汽车领域的相关话题，并选出其中有影响力的答主给予现金奖励。

图 7-20　知乎商业活动海报

（2）热点提问

除了与知乎合作开展正式商业活动外，企业品牌运营者还可直接利用知乎的问答平台提出与产品息息相关的问题，引导用户回答甚至自行回答，从而起到宣传传播的效果。

为了实现传播，运营者需要选择有话题性、趣味性的提问方式。例如，问题"用发动机煎牛排这件事靠谱吗？"拥有 45 万次的浏览量，已经具备了一定的热度后，奥迪官方也进行了回复（见图 7-21）。这无疑助推了话题的持续传播，吸引了更多人的关注。

图 7-21　品牌方提问与回答

2. 用户助力

发布活动后，下一个步骤便是吸引足够多的用户参与活动、回答问题，从而达到宣传推广、引导消费的目的。企业运营者发布的商业活动越精彩，奖励越丰富，就越有可能得到用户的关注与参与。

前面所说的"知乎众测"活动就是通过吸引用户参与评测来进行宣传。值得注意的是，能够参与众测任务的用户，都经过知乎平台筛选，账号等级较高，相关领域的活跃度和贡献度也较高。这类用户群体属于知乎和产品相关话题的 KOL。这意味着企业只需要提供少量产品样品或奖励，便有机会换取 KOL 级别用户对产品的宣传。图 7-22 所示为汽车品牌方邀请用户参与的众测活动信息页面，平台用户可以通过参与知乎众测活动，体验品牌产品，发布体验感受。

图 7-22　知乎众测活动信息页面

　　企业运营者还可以在站内直接发送问题邀请，邀请平台用户参与话题讨论。在话题下，企业官方和真实用户的声音都能够被展现，这有利于拉近企业和品牌与普通用户之间的距离。图 7-23 所示为红豆集团发布的问题与回答，点明自己的问题针对"无锡人"，邀请普通用户根据自己的生活经验回答问题。提问讨论越热烈，传播率和影响力就越高。

图 7-23　红豆集团发布的问题与回答

新媒体平台运营实战（AIGC版）（慕课版）

课堂练习

通过网络搜索，了解近期知乎平台有哪些官方活动，并尝试参加这些活动。

思考与练习

请你制定一份知乎的平台运营方案。方案内容需包含账号定位、内容类型与发布策略、账号设置、竞品账号数据分析等内容。可以尝试使用 AIGC 工具帮助你完成方案的制定。

PART 08

第八章
抖音运营

🌿 **学习目标**

➤ 了解抖音的发展历程。

➤ 学习抖音的推荐机制及内容类型。

➤ 掌握抖音的运营模式。

🌿 **素养目标**

➤ 把握短视频发展趋势，促进数字内容创新。

➤ 打造高质量短视频，响应内容精品化号召。

➤ 实现多账号联动，推动数字经济融合发展。

➤ 拓展商业机会，响应数字经济创新战略。

抖音是当下最热门的短视频与直播平台之一，其凭借时尚新颖的玩法及兴趣电商的概念吸引了大量的忠实用户。用户在抖音上分享、搜索感兴趣的内容或商品。抖音是用户日常网上冲浪的大本营之一，也是众多个人和企业拓展业务、打造品牌影响力的聚焦地。本章将详细讲述抖音的发展史、算法逻辑、内容类型及运营等，帮助读者了解抖音的价值和机遇，更好地进行新媒体布局。

8.1 抖音概述

抖音是由互联网公司字节跳动孵化的一款短视频社交软件。它的上线对字节跳动来说是一次具有战略性意义的布局，它不仅完善了字节跳动对于旗下产品体系的布局，还加速了公司的发展进程。

8.1.1 抖音的基本介绍

抖音是一款全龄段短视频社区交流平台，于 2016 年 9 月 20 日正式上线。在上线之初，抖音通过"音乐短视频"吸引大批年轻用户加入，丰富的音乐素材及特效，让抖音快速在追求新潮的年轻用户中流行开来。与此同时，抖音最初对平台的定位——兴趣社交也一直得以贯彻。

随着抖音功能不断完善，以及最先推出独树一帜的算法机制，越来越多不同年龄和圈层的用户加入抖音。发展至今，抖音已成为短视频行业流量最多的头部平台。数据研究公司 QuestMobile 发布的数据显示，2022 年，抖音日活用户平均使用时长为 125 分钟。同时，截至 2023 年 5 月，抖音（不包含抖音极速版、抖音火山版）的月活跃用户数量为 7.16 亿，用户规模居于国内短视频平台之首。

庞大的用户规模和较长的用户平均使用时长为在抖音上进行内容创作和营销活动的人们带来了巨大的机遇。个人和企业可以通过在抖音发布图文、短视频和直播内容，与平台用户进行即时互动，不断积累粉丝量，提升自身的影响力。同时，个人和企业还可以通过提供产品或服务、承接广告、策划营销活动等方式实现和扩大商业价值。

8.1.2 抖音的发展历程

抖音的发展一共经历了 3 个阶段，即产品探索期、品牌爆发期和商业生态开发期。

1. 产品探索期（2016 年—2017 年 6 月）

抖音上线的第一年，抖音团队几乎将全部精力用在平台功能打磨、UI 界面的优化与迭代上。经过一年左右的沉寂蓄力和版本迭代、功能完善，抖音团队最终将平台定位为"年轻人的音乐短视频社区"。明确定位后，抖音受到越来越多年轻用户的喜爱。

2. 品牌爆发期（2017 年 7 月—2018 年）

2017 年 7 月，抖音团队在打磨完自身产品后开始大规模发力。首先，平台邀请了诸多歌手、影视演员、专家、学者入驻平台，为平台造势。其次，平台在多个"爆款"综艺节目中进行广告投放和曝光，揽获更多新用户的入驻。截至 2018 年 3 月，抖音日活跃用户数量飙升到了 6000 多万，"记录美好生活"的口号也变得家喻户晓。

3. 商业生态开发期（2019 年至今）

2019 年下半年，抖音开始布局电商，抖音商业生态也由此得到逐步开发。蓝 V 认证、信息流广告等业务开始开展，与此同时，在抖音进行直播"带货"和短视频内容宣传也被更多个人和企业纳入日常工作中。伴随着商业生态的进一步开发，抖音也在致力于让用户从"闲逛—无明显需求—被产品和内容吸引—咨询—下单购买"的"兴趣电商"消费习惯更多地转向"带着明显需求—主动搜索产品或服务—咨询—下单购买"的"货架电商"消费习惯。这一阶段，抖音在音乐领域、用户体验、社区内容生态规范等方面也持续保持着多点开花的发展势头。

8.1.3 抖音的价值与机遇

随着抖音影响力的增大，越来越多的个人和企业将入局抖音调整为自己的发展重心。抖音为用户带来的价值与机遇具体表现为以下几点。

1. 庞大付费用户社群，带来巨大变现空间

抖音作为当下最具活力与影响力的内容分享与电商平台之一，其商业价值的核心在于构建了一个前所未有的庞大且活跃的付费用户社群。这一社群不仅人数众多，更重要的是，用户群体多元化特征显著，覆盖了广泛的年龄层、兴趣偏好及消费能力区间，为各式各样的产品和服务提供了精准的目标市场。越来越多的企业和品牌纷纷入驻抖音，通过抖音的内容运营、用户运营和营销活动策划，拓展业务增长点。

2. 软件出海，拓展海外用户和业务

TikTok 是字节跳动于 2017 年推出的海外版短视频社交平台，拥有大量"95 后""00后"年轻用户群体。移动应用数据分析公司 SensorTower 发布的《2023 年 Q2 全球移动应用下载报告》显示，TikTok 再次成为全球下载量最高的应用程序，且创下了连续 12 个季度位居第一的纪录。依托庞大的年轻用户群体，各大海内外品牌和商家都在积极研发符合年轻人兴趣和需求的产品。

3. 多维商业推广，助力新晋品牌成长

除了庞大付费用户群体和软件出海所带来的机遇外，抖音对于自身商业生态的开发，也为企业和品牌带来了多种成长机遇。新晋企业和品牌可以通过持续的内容输出宣传扩大自身影响力，也可以使用任务发布、话题合作、信息流推广、直播间推广、开设小店等多种方式实现变现和快速扩大自身知名度的目的。

> **课堂讨论**
>
> 你是否在抖音上购买/销售过商品，和大家分享你的购买/销售经验。说说你对抖音的看法及使用心得。

8.2 抖音的推荐机制

抖音的发展离不开其独特的推荐机制。通过算法推荐，抖音不仅给了优质内容脱颖而出的机会，还让更多个人、新晋企业和品牌通过抖音获得快速成长及知名度的提升。了解抖音的推荐机制有助于运营者有的放矢地制定运营策略。

8.2.1 抖音的主要推荐机制

抖音的推荐机制可以帮助用户更快地找到自己感兴趣的视频，提升用户的体验。抖音的推荐机制主要包含以下几种。

1. 基于内容的推荐

这种推荐方法主要是根据用户以前对物品或内容的喜欢程度来进行推荐。它根据物品或内容的属性来推荐相似的物品或内容。例如，如果一个用户喜欢看"猫"的视频，基于内容的推荐算法将会推荐更多与"猫"相关的视频给该用户。

2. 基于协同过滤的推荐

这种推荐方法主要是通过分析用户的历史行为和其他用户的行为来进行推荐。如果很多用户都喜欢同一个物品或内容，那么这个物品或内容就很有可能被推荐给其他用户。例如，如果很多用户都喜欢看"烹饪"的视频，基于协同过滤的推荐算法将会推荐更多与"烹饪"相关的视频给其他用户。

3. 基于混合推荐

这种推荐方法主要是结合了基于内容的推荐和基于协同过滤的推荐这两种方法。它使用物品或内容的属性及用户的历史行为和其他用户的行为来进行推荐。例如，如果一个用户喜欢看"汽车"的视频，基于混合推荐的算法将会推荐与"汽车"相关的视频，同时也会根据其他用户的喜好来推荐一些受欢迎的"汽车"视频给这个用户。

4. 深度学习推荐

这种推荐方法主要是通过分析大量的用户行为数据和物品或内容的属性来进行推荐。它使用深度学习算法来建立用户和物品或内容之间的复杂关系，从而更好地预测用户的喜好。例如，如果一个用户喜欢看"电影"的视频，深度学习推荐的算法将会通过分析电影的属性、用户的偏好和其他用户的评价来推荐一些适合这个用户的"电影"视频。

8.2.2 抖音推荐机制的作用

抖音的推荐机制对于个性化推荐、提升用户体验、管理用户数据、广告精准投放等多个方面都起到了重要作用，从而有助于抖音成为一个可循环的良性生态平台。

1. 个性化推荐

抖音通过基于用户行为和内容的推荐算法，可以准确地根据每个用户的兴趣模型和行为数据，推荐个性化的视频内容。这种个性化推荐机制使用户能够更快地发现自己感兴趣的视频，提升用户的使用体验，同时也有助于增强用户对抖音的黏性。

2. 提升用户体验

基于用户的行为和兴趣进行推荐，可以使推荐内容更加精准和符合用户的期望，从而提升用户的使用体验。另外，通过这种推荐机制，用户还可以发现更多自己没尝试过但可能感兴趣的内容，从而拓宽用户的视野，增加用户的新鲜感和满意度。

3. 管理用户数据

抖音通过算法推荐机制对用户数据进行管理和分析，能够更好地理解用户的需求和行为，从而优化平台的功能和服务。同时，通过对用户数据的分析和挖掘，抖音还可以开发出更符合用户需求的新的功能和服务，提升用户的满意度和忠诚度。

4. 广告精准投放

抖音的算法推荐机制还可以用于广告的精准投放。通过分析用户的兴趣、行为和历史数据，广告商可以准确地定向投放广告，提高广告的曝光率和转化率。这种精准投放广告的方式不仅可以提升广告效果，还可以为广告商节省广告成本，实现广告投放的效益最大化。

课堂讨论

你在抖音上最常观看什么类型的内容？有哪些账号是你主动关注的？哪些账号是平台推荐给你，而后你才关注的？

8.3 抖音的内容类型及运营

抖音的内容类型是指用户在抖音所发布的内容的种类和呈现形式。通过分析、筛选、模仿，运营者可以快速学习抖音账号的创作规律，从而更好地进行抖音的运营。

8.3.1 抖音的内容类型

抖音是一个多元化的短视频平台，内容类型多种多样。以下是几种常见的内容类型。

1. 歌舞类

抖音上的歌舞类内容是一种非常受欢迎的类型，它们通常包括原创歌曲和舞蹈的发布与模仿，如图 8-1 所示。歌舞类视频在抖音上有着广泛的用户群体，因为它们的内容形式简单易懂，适合各个年龄段的用户观看。同时，这些视频往往能够带给人们快乐和愉悦的感受，有助于缓解压力和促进情绪的释放。

在抖音上，歌舞类内容的制作和发布门槛较低，这使用户可以更加容易地参与到这种类型的内容创作中来。同时，抖音也积极支持和推广歌舞类内容，举办了多场线上音乐会和舞蹈比赛，吸引了很多专业艺人和普通用户的参与。

2. 萌娃萌宠类

抖音上的萌娃萌宠类内容也是一种非常受欢迎的类型，这类视频通常以可爱的婴幼儿形象、动物形象和有趣的故事情节为主。萌娃萌宠类内容在抖音上备受欢迎的原因有很多。首先，这些视频中的人物或动物主角通常都非常可爱，让人忍不住想亲近。其次，很多此类视频融入了幽默的元素，非常引人入胜。最后，萌娃萌宠类视频往往有着温馨、感人的故事情节，能够引发用户的共鸣和感动。

萌娃萌宠类内容在抖音上有着广泛的用户群体，因其不仅适合儿童和青少年观看，还适合成年人观看。同时，萌宠类视频也是很多抖音用户展示宠物的一种方式，一些优秀的萌宠视频甚至能够获得上百万的点赞数，如图 8-2 所示。

图 8-1 歌舞类内容

图 8-2 萌宠类内容

3. "搞笑"类

抖音上的搞笑类内容是一种独特的类型，与其他内容类型相比，它更注重以幽默、滑稽的方式吸引用户的注意力。

有的"搞笑"类内容是通过发挥创意进行故事编排，创作出一系列幽默的情景。有的"搞笑"类内容是以发现和记录日常生活和工作中的趣事为主，这类内容的生成通常较为偶然，但其真实而小概率的幽默效果往往能够让用户感到轻松和愉悦，而且具有更强的互动性和传播性。

"搞笑"类内容常常带有一种社交功能，用户可以通过观看、评论、点赞、转发等方式与朋友分享快乐，增强社交互动。

4. 品牌类

品牌类内容主要是为了宣传品牌的最新产品，为用户提供实用的产品信息和购物指南，帮助用户更好地了解品牌或产品的功能、特点和适用场景，从而更好地进行消费决策，如图 8-3 所示。其中，有的视频为硬广，直接凸显品牌的影响力或产品的功效，有的视频为软广，通过精心设计的生动、有趣的方式展示品牌或产品的特点，从而引发用户的兴趣和关注。

品牌类视频一般带有广告性质，通过宣传品牌或产品，为观众提供实用的购物信息，促进消费。对于这类视频，运营者常用的分发策略为"批量分发+指定投放"，即一次性批量发布多条视频，先通过平台的各种推荐算法和社交网络，让视频获得免费的曝光和推广，经过一至两天的自然推广，再将批量视频中数据表现最佳的视频挑出，单独对其进行广告投放。

5. 技能类

抖音上的技能类内容主要展示各种特殊技能，这些视频通常由专业人士或机构录制和发布，或者由官方推荐，旨在吸引用户学习技能或是给用户带来启发。这些视频展示了多种多样的技能，如快速背单词、书法、武术、乐器演奏、手工制作及其他特殊才艺表演，如图 8-4 所示。

图 8-3　品牌类内容

图 8-4　技能类内容

此类内容往往以精炼、简洁的方式展示技能的核心内容，让用户可以快速掌握关键信息并学习到一些实用的技能。同时，此类内容往往带有一定的启发性和教育性，通过展示各种技能，为用户提供实用技能的学习机会，同时帮助用户了解不同领域的知识和技巧，提升自己的能力和素质。

6. 新闻类

抖音上的新闻类内容主要是针对时事、政治、经济、民生等热点话题进行报道和评论的内容。此类内容通常由专业新闻机构或个人制作，以简洁、快速的方式传递新闻信息，让用户在短时间内了解最新的时事动态或新闻的核心内容。有些新闻类视频还带有一定的评论和分析，可以帮助用户更好地理解和解读新闻事件。

相较于其他类型的内容，新闻类内容的变现空间相对较小，主要满足用户及时获取最新资讯的需求。对于粉丝量较大的新闻类账号的运营者而言，在内容制作和对某些事件的评论倾向上需要格外谨慎，必须坚持社会主义核心价值观和正向的价值导向。如果账号为了吸引流量而故意制作博人眼球的怪诞内容，甚至是虚假内容，则有可能遭到用户的举报及平台的警告、限流、封号等处罚。

7. 美食类

抖音上的美食类内容有着不同的创作风格和内容呈现形式，其具体可分为以下几种。

（1）探店类

许多本地的特色美食小店，只有当地人才知晓，外地用户较难找到。还有一些新开的店铺或需要宣传推广的店铺，也需要快速获得用户的关注。这种情况催生了众多抖音美食探店类账号的出现，这类账号往往会设立一个美食博主人设，由博主亲自到店体验服务、品尝美食，并将整个体验过程通过视频形式呈现出来，如图 8-5 所示，以此吸引浏览视频的用户对视频中呈现的店铺和菜品产生兴趣，引导用户到店消费。为追求真实效果，不少探店类视频也会直接制作博主不推荐的内容，帮助账号博主树立真实、客观的形象。

（2）美食制作类

抖音上的美食制作类内容是将美食的制作过程录制并剪辑成简洁、精美的教程式视频，向用户直观展示美食制作的各个步骤和注意事项，如图 8-6 所示。简洁实用的制作过程及美食成品的诱人视频效果能赢得用户的关注、点赞和评论。

（3）美食文化类

抖音上还有一类较有文化底蕴的美食类内容，此类内容往往由具备较高视频剪辑能力和文化积淀的创作者策划和制作，旨在向用户传递美食背后的文化，通过讲故事、讲历史的方式来介绍美食或创作美食内容，如图 8-7 所示，让用户在观看后一定程度地提升认知。例如"南翔不爱吃饭"，这位创作者就通过对经典名菜的复刻和讲解，为用户呈现了名菜的做法和背后深厚的历史底蕴。

图 8-5 美食探店类内容　　　图 8-6 美食制作类内容　　　图 8-7 美食文化类内容

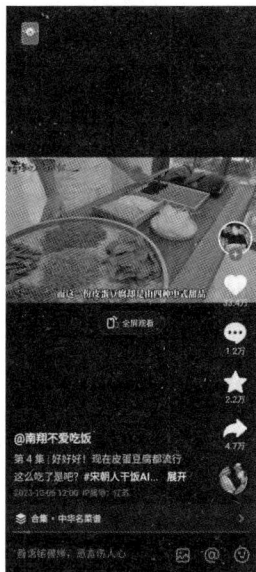

8. 特效类

抖音上的特效类内容主要展示各种酷炫的视觉特效，这些视频通常以创意和技术为基础，通过巧妙的转场、滤镜、动效等技巧，营造出令人惊叹的视觉效果，如图 8-8 所示。抖音用户群体年轻、活跃，他们喜欢在视频中展示自己的个性和创意，因此，特效类内容往往带有很强的社交属性，例如，抖音自带的滤镜效果经常被用来制作社交视频，利于与朋友分享。

抖音提供了丰富的特效库和模板，用户可以方便地选择自己喜欢的特效进行视频制作。同时，抖音还支持特效的自定义和调整，用户可以根据自己的需求对特效进行修改和调整，以满足不同的创作需求。

9. 快剪类

快剪类内容通常是创作者利用专业的剪辑软件制作而成的电影或电视剧的相关片段，如图 8-9 所示。此类内容对创作者的视频剪辑水平有一定的要求，因为创作此类内容需要收集各种热门电影和电视剧的素材，将收集到的素材通过专业的剪辑软件进行剪辑和加工，然后为视频添加合适的背景音乐和字幕，以及个人观点，以制作成具有创意和节奏感的视频。

图 8-8　特效类内容　　　　　　　　　图 8-9　快剪类内容

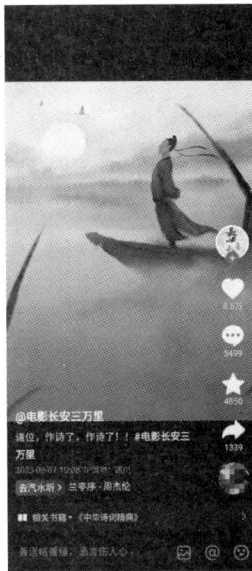

有的个人账号的运营者是普通的影视爱好者，有的个人账号的运营者则具备导演、编剧、摄影摄像、新媒体相关专业学习背景，可以针对影视内容的布景、服装、妆容、道具、镜头语言、剧情逻辑和节奏等方面提出见解。而机构账号的相关内容是根据机构的运营策略，由专业的剪辑师剪辑，旨在为即将上映或已上映的影视内容进行宣传和造势。

在抖音上制作影视快剪类内容时，规避版权风险是非常重要的一步，运营者在发布此类内容时，要注意从合法渠道获取影视素材，并遵循合理使用原则。

8.3.2　抖音内容创作要点

虽然抖音的内容种类和呈现形式繁多，但不论创作哪种类型的内容，都应遵循以下几个要点。

1. 了解用户

在抖音上创作内容，首先需要了解目标用户。深入挖掘他们的兴趣爱好、需求和习惯，了解他们喜欢什么类型的内容、喜欢在什么时间观看，以及喜欢哪些社交媒体平台。通过精准定位用户群体，运营者可以更好地确定内容主题和表现形式，从而让内容更具吸引力和针对性。

2. 创意独特

在抖音上，要想获得更多的关注和点赞，必须让内容具有创意和新颖性。运营者要尝试使用独特的视角、创新的剪辑手法或有趣的故事情节等，让视频更具个性和辨识度。同时，要注意与当前的热门话题或趋势相结合，让内容更具话题性和传播性。

3. 节奏明快

抖音用户通常更喜欢节奏明快、内容简洁的内容。因此，在制作抖音视频时，要控制好视频的节奏和音乐的配合，让视频更加紧凑。在剪辑过程中，要注意运用合适的剪辑技巧，如快速切换、蒙太奇等手法，让视频更具动感和节奏感。

4. 使用热门标签

在抖音上，使用热门标签功能可以帮助内容获得更多的曝光和关注。因此，运营者在创作内容时，可以尝试使用当前热门的标签，增加视频的曝光率。同时，要注意选择与自己内容相关的标签。

5. 良好的拍摄质量

良好的拍摄质量可以提升用户的观看体验。抖音是以音乐短视频社区起家，吸引了大量年轻用户关注，这群中坚群体更青睐精致的布景、和谐的画面。因此，在拍摄视频时，运营者需要重视画面质量、音质和稳定性，让视频更加清晰、流畅。

6. 互动性强

抖音平台的内容依赖算法进行推荐，而平台算法推荐的基础是基于对各个不同账号数据的分析，包括对账号的类目、活跃度等做出评判。其中，互动量是评估账号综合实力的重要指标之一。因此，在创作内容时，运营者可以在视频中向用户提问或邀请他们进行评论、点赞或分享，并及时回复用户的评论和私信来增加互动量。

7. 持续更新

在抖音上，持续更新也是非常重要的。运营者需要通过不断更新内容，保持用户的关注度，增强粉丝的黏性。与此同时，运营者也不能为了保持更新频次和数据表现，就降低创作的标准，更新频次及用户对于账号所发布内容的互动数据都对账户的综合表现产生影响，不能顾此失彼。

课堂讨论

在抖音创作内容时需要注意哪些方面？

8.4 抖音的运营模式

随着抖音商业模式的逐步完善与开发，很多企业和品牌纷纷选择入驻抖音并摸索其中的运营和变现模式。抖音平台较为常见的运营模式有以下两种。

8.4.1　常规运营模式：短视频垂类内容输出+直播变现

不论是内容上还是形式上，抖音平台的热门内容都在不断推陈出新，平台创作者需要以明确的垂类定位为基础，参与抖音平台的热门主题活动，持续迭代，提高账号的粉丝基数，并通过直播这一热门电商营销方式，完成产品推荐与粉丝的转化。这种常规运营模式可简单总结为"短视频垂类内容输出+直播变现"。

1. 短视频垂类内容输出

短视频垂类内容输出要求运营者深入挖掘特定领域的主题和趋势，不断提供专业、有深度的内容。

（1）持续输出

围绕一个特定的垂直领域持续输出内容，这样的创作方式能够使账号的内容更加聚焦，垂类的定位既便于运营者明确账号的创作主题，又便于用户快速了解账号，吸引对垂类感兴趣的用户关注此账号。例如，账号"张同学"一直保持着农村生活内容的持续输出。

（2）紧跟热点

除了要在某一内容垂类上进行持续深耕外，运营者还应保持对社会热点和平台趋势的敏感性，将这些元素融入垂类内容中，以创意的方式呈现给用户。例如，在春节期间，美食类账号可以发布与节日相关的特色菜谱，旅游类账号可以推荐春节旅游目的地等，借助热点提升内容的传播力。

2. 直播变现

持续输出短视频内容是为了通过账号的优质内容吸引用户关注，有营销目标的账号往往还会选择通过直播"带货"的方式来实现变现。运营者可以通过直播展示产品的实际效果、分享使用体验、互动解答用户疑问等方式，增强用户的购买意愿。此外，直播过程中的优惠、抽奖活动等手段也能够激发用户的参与热情，促进销售。

（1）直播与短视频内容的协同

直播和短视频内容之间应形成良好的互动和协同。例如，运营者可以发布直播的预告和宣传短视频，吸引用户关注和参与直播；直播中推荐的产品或活动也可以在短视频中进行展示和回顾，形成内容的闭环。

（2）直播内容与账号人设的统一

直播时推荐的产品一定要和自己的短视频内容和账号人设相契合。例如，定位于"文学类读书博主"的账号可以开启直播，向用户推广文学类书籍。而一些垂类划分相对不那么小众的账号，则可以"带货"更多产品，例如，抖音上一个优质的科技类账号可以推荐3C产品、科技类图书，甚至是人体工学椅。

8.4.2　集群出圈模式：搭建矩阵账号+持续输出和互动

拥有一定规模的企业和品牌会选择自建团队或与专业MCN机构合作的方式，来组建自己的抖音账号矩阵，通过多个账号形成合力，共同为用户创作有价值的内容，扩大品牌影响力。集群出圈模式可以简单总结为"搭建矩阵账号+持续输出和互动"。

1. 搭建矩阵账号

矩阵账号是指由同一家企业创建和统一管理的、相互关联而又各自独立的多个账号，这些账号日常输出内容的侧重点不同，所吸引用户的画像也不同，企业可以根据自身发展与经营规划，来策划建立不同的矩阵账号。

例如，"秋叶"是国内职场办公技能领域的在线教育品牌，其在抖音上组建的矩阵账号按产品线进行划分，创建了以"秋叶大叔""秋叶 PPT""秋叶 Excel""秋叶 Word"为主体的账号矩阵，如图 8-10 所示。

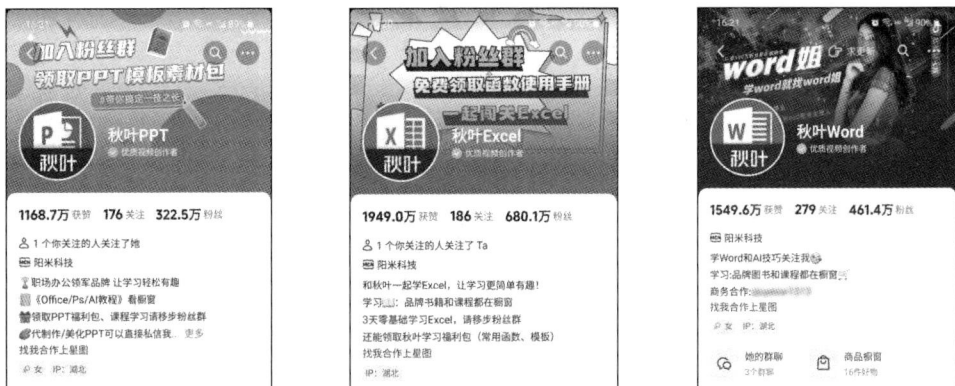

图 8-10 "秋叶"品牌抖音账号矩阵

2. 持续输出和互动

形成抖音矩阵的企业和品牌通常会拥有庞大的粉丝群体，在企业和品牌的统一管理下，各矩阵账号的粉丝互通、串联场景也变得常见。经常出现大号（粉丝量大的主账号）带小号（粉丝量小的新账号）、大号往小号引流的操作。例如，大号在发布作品时，"@"其他小号，该账号粉丝在看到相关"@"信息后，可以点击信息并快速跳转到小号的主页，如遇感兴趣的内容，该粉丝也可能成为小号的粉丝。

同时，多账号矩阵的设置也利于企业和品牌培养抖音运营团队成员，新加入团队的人员可以从小号开始运营，在小号做出成果后，再加入运营难度更大的大号的运营团队，以此培养团队内不同梯度的人才。

课堂讨论

如果让你在抖音上对你喜欢的一款零食进行宣传，你会采用哪些方式？

思考与练习

请你制定一份抖音的平台运营方案。方案内容需包含账号定位、内容类型与发布策略、账号设置、竞品账号数据分析等内容。可以尝试使用 AIGC 工具帮助你完成方案的制定。

PART 09

第九章
快手运营

学习目标
- ➤ 了解快手的发展历程。
- ➤ 了解快手的主要功能及推荐机制。
- ➤ 掌握快手的主流内容和私域运营模式。

素养目标
- ➤ 把握短视频行业趋势，促进数字经济发展。
- ➤ 打造真实有深度的短视频，响应内容精品化要求。
- ➤ 拓展品牌影响力，促进数字经济与实体经济融合。

　　快手，作为短视频平台的先驱，最初是一款专注于制作和分享 GIF 图的手机应用。随着大众阅读习惯逐渐转向快节奏阅读，快手果断转移自己的战略重心，成功转型成为短视频社区。本章将详细介绍快手这一重要新媒体平台，为运营者提供理论支持。

9.1 快手概述

短视频平台的兴起引领了新的社交风潮。作为其中的领军平台，快手凭借其独特的定位和功能迅速占领了市场。快手不仅是一个简单的视频分享平台，更是一个充满活力和商业空间的社区。以"拥抱每一种生活"为核心宗旨，快手致力于为每一位创作者提供发挥才艺的空间，让用户从生活的观察者转变为生活的亲历者与创造者。由此，快手也展现出独特的商业价值和魅力。

9.1.1 快手的基本介绍

2011 年 3 月，北京快手科技有限公司推出一款手机 GIF 图制作与分享工具——快手。仅仅一年后的 2012 年 11 月，快手转型为短视频社区，为用户提供了一个全新的记录和分享生活的短视频社交平台。

1. 简单易用的操作界面

快手以其直观、简洁的操作界面赢得了用户的青睐。这种设计使用户能够轻松上手，快速制作和分享短视频。快手不断优化其用户界面，确保用户在使用过程中的便捷性和愉悦感。通过提供清晰的导航和直观的功能，快手让每个用户都能轻松地创作和分享自己的内容，无论是新手还是经验丰富的创作者。

2. 丰富多样的内容形式

快手提供了多种内容形式，包括生活记录、才艺展示、搞笑短片等，满足不同用户的需求和兴趣。这种多样性不仅丰富了用户的选择，还促进了社区的活跃度和互动性。用户可以根据自己的喜好选择不同的内容形式，无论是记录日常生活的点滴，还是展示自己的才艺，抑或是分享一些有趣的搞笑短片，快手都能提供相应的工具和平台。

为了帮助用户更好地展现视频创意，快手提供了一系列的特效、滤镜和音乐等功能。这些功能不仅能够增强视频的视觉和听觉效果，还能够让用户更加自由地表达自己的创意。用户可以根据自己的视频内容和风格选择合适的特效和滤镜，还可以添加背景音乐，使视频更具吸引力和个性。

3. 快速发展的社交电商

快手吸引了众多机构和品牌入驻，形成了一个多元化的内容生态。这些机构和品牌通过与网红、达人等合作，推广自己的产品和服务，实现商业价值的最大化。快手为这些机构和品牌提供了一个展示自己、与用户互动的平台，同时也为用户带来了更多的选择和便利。

通过精准的用户画像分析，广告主可以有效地投放广告，实现营销目标。同时，快手的电商功能也方便了用户购买心仪产品，推动了社交电商的发展。这些功能不仅为广告主提供了一个高效的营销渠道，还为用户带来了更多的购物便利。

9.1.2 快手的发展历程

从最初的手机 GIF 图制作与分享工具，到如今的短视频社交平台，快手的每一步发展都充满了创新与突破。快手的发展一共经历了 4 个阶段：萌芽转型期、快速发展期、用户竞争期、平稳增长期。

1. 萌芽转型期（2011 年—2012 年）

2011 年快手创始人程一笑发布快手 GIF，这款动图制作工具便是快手 App 的雏形。最初，快手的诞生是为了满足当时用户对于快速、简便地制作和分享 GIF 图的需求。

互联网的蓬勃发展使用户逐渐习惯于接收碎片化信息，如阅读图片、视频等视觉性内容。快手团队意识到用户阅读习惯正在发生变化，传统的文字与长视频已经不能满足用户对于内容多样性和即时性的追求。在这一背景下，2013 年企业家宿华加入快手，给平台带来了新的方向和策略。他与创始人程一笑共同确定了"关注普通人"的产品定位。快手逐渐完成从动图 App 到短视频社区产品的转变。

在萌芽转型期，快手的转型初步完成，明确了市场定位，为后续的发展奠定了坚实的基础。这一阶段，快手的团队展现出了敏锐的市场洞察力和果断的决策能力，为后续的快速成长做好了准备。

2. 快速发展期（2013 年—2016 年）

自 2013 年成功转型为短视频社区后，快手进一步确立了"公平、普惠"的价值观，着重于服务创作者，鼓励他们创作和分享自己的故事，突出"生活记录"的亲切属性，让每个人都能发现生活、记录生活、看见生活。

在 2013 年至 2016 年间，市面上没有与快手定位相似的短视频竞争产品。这一市场空白使快手占据了先发优势，凭借独特的定位在用户中脱颖而出。快手的去中心化社区生态和极低的使用门槛迅速吸引了近 3 亿注册用户，一举成为短视频领域的领头羊。

在这一阶段，快手凭借其敏锐的市场洞察，稳固了自己作为短视频平台的定位。通过强调价值口号，快手成功引领了生活记录的新潮流，为数亿用户提供了一个展示和交流的平台。

3. 用户竞争期（2017 年—2018 年）

移动互联网仍然在持续改变人们的阅读习惯，这让短视频社区在市场上如雨后春笋般涌现。在此大环境下，快手迎来劲敌——抖音，也被动加入了短视频平台日益激烈的竞争之中。为了应对抖音平台的挑战，快手采取了一系列措施来巩固其市场地位。

首先，快手积极吸引专业人才入驻，并加强内容管理，以促进用户增长。通过优化算法和提升用户体验，快手增强了用户黏性。同时，快手也加大对内容的监管力度，确保平台内容的健康和正能量。

其次，快手也着力于扩大自己的产品矩阵，陆续推出了视频类、工具类、社交类及游戏类等多款产品，形成多元化的产品组合和快手生态。这一策略不仅丰富了平台内容，还为用户提供了更加全面的服务。

最后，快手在商业化方面也取得了显著进展。商业化中台、商业化产品体系逐步被开发，粉丝头条、快接单、快手小店等功能陆续上线。这些功能的上线为广告主和商家提供了多元化的营销和推广渠道，进一步提升了快手的商业价值。

4. 平稳增长期（2019 年至今）

各短视频平台之间的竞争加剧，抖音等竞品平台的强势追赶，都给快手带来不小的压力。

快手团队意识到必须采取更加积极的市场策略来巩固和扩大市场份额。

快手极速版的问世是快手采取积极策略的体现之一。这款针对下沉市场的产品迅速吸引了大量用户，进一步拓展了快手的用户基础。与此同时，快手还与美团进行了跨届合作，这一合作不仅拓宽了快手在本地生活服务领域的业务范围，同时也为美团带来了新的流量入口和用户群体。图 9-1 所示为快手与美团的合作海报。

图 9-1　快手与美团的合作海报

在内容方面，为了激励创作者在平台上创作更多优质内容，快手推出了创作者扶持计划，为优秀创作者提供资金、技术和流量支持。这一计划有效地吸引了更多优质创作者入驻，提高了平台内容的质量和多样性。

此外，快手还加大了对电商生态的开发力度，通过与电商平台的合作推出快手小店等功能，为用户提供了更加便捷的购物体验，不仅增加了平台的商业价值，还为广告主和商家提供了更多元化的营销和推广渠道。2021 年，快手成功在香港交易所上市，标志其正式进入国际资本市场。

9.1.3　快手的价值与机遇

快手作为领先的短视频社交平台，它的成功不仅仅在于技术的先进和用户的喜爱，更在于它所蕴含的巨大价值和无限机遇。接下来，我们将深入探讨快手在商业方面的价值与机遇，探究其背后的原因和未来的可能性。

1. 用户群体下沉，变现空间无限

快手与其他短视频平台有着显著的区别，其用户基础主要集中在二三线及以下城市，形

成了一个庞大而深入的"下沉市场"。对于商家来讲，这一用户群体具备较高的消费潜力和商业价值，潜藏着无限的商机。因此，许多运营者选择入驻快手，希望在这个充满潜力的市场中发掘自己的新客户。

通过运营快手，无论个人还是企业都能够触及更广泛的目标用户，还能借助平台的力量实现更高效的营销和推广。快手独特的社区文化和用户互动模式为企业提供了一个与消费者直接沟通的桥梁，有助于企业更好地理解用户需求、优化产品和服务。

2. 真实呈现，可信度更高

在短视频内容领域，快手以其独特的"真实"定位吸引了大量用户的关注和喜爱，平台始终秉持"不修饰、不遮掩、有一说一"的原则，鼓励创作者以最真实的方式展示自己的生活和想法。而这样的原生态呈现方式不仅吸引了不少用户入驻，还赢得了用户的信任。

在这个处处体现"真实"的快手平台上，创作者与用户的距离更近，彼此的信任更高，互动也更频繁。这种紧密的关系使运营者在进行直播"带货"等商业化行为时，可更加自然地与粉丝互动，建立起强大的信任基础。粉丝也更乐意基于信任而消费购买。可以说，"真实"与"可信"让快手的商业变现能力相对较强。

3. 双轮驱动，助推商户成长

快手对商业化的支持力度越来越大，各项策略都有利于运营者的运营与销售。2022年，快手电商发布了一项新的流量策略和经营逻辑——"公私域循环双轮驱动"。这一策略的核心在于将短视频和直播"带货"两个销售引擎结合起来，形成一个互补的生态系统。商户不仅可以依靠每日的直播"带货"来吸引和转化用户，还可以通过精心制作的短视频内容来吸引更多的潜在消费者，以实现商品的销售。

这一策略引导商家将短视频作为独立的商业变现通道，并持续提高其内容质量。为了鼓励商家运营者，快手还为短视频设立了单独的流量池，这意味着高质量的短视频内容将获得更多的曝光和推荐，进一步增加了运营者的商业变现机会。这一"短视频卖货+直播带货"的双销售引擎，使快手的商户可以更加灵活地适应市场变化，迅速捕捉商机，实现快速发展。

课堂练习

请打开快手App，并将该平台上的主要功能和内容板块都浏览一遍。

9.2 快手的功能与机制

快手功能丰富且机制灵活，并为增强用户体验做出了诸多尝试。本节将介绍快手的主要功能与推荐机制。

9.2.1 快手的主要功能

快手是一个以短视频内容为核心的平台，逐步开发出社交互动与发现、商业变现与电商服务等多样化的功能。

1. 短视频分发功能

快手最基础的功能便是短视频的创作发布与观看功能。

在创作短视频上，用户可以通过手机摄像头或上传本地视频来制作短视频。快手的应用软件带有简单的剪辑、配乐、字幕等功能，能够帮助用户快捷地编辑视频。

视频制作完成后，用户可将其发布到快手中，与广大用户分享。快手首页和相关分类会根据用户喜好推荐各种短视频。推荐视频自动播放，以便用户随意浏览和观看。另外，用户通过"发现""搜索""个人主页"等页面，也能快速浏览短视频内容。图 9-2 所示为快手短视频拍摄页面，图 9-3 所示为快手短视频播放页面。

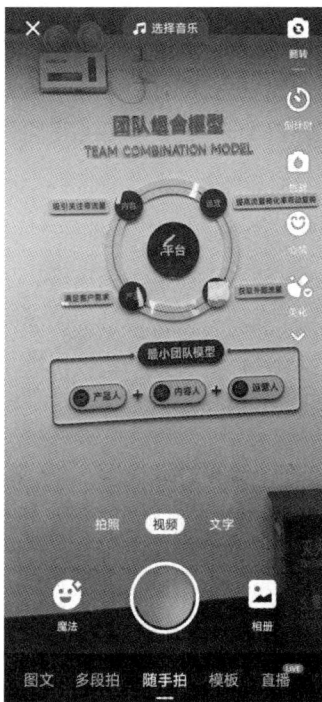

图 9-2　快手短视频拍摄页面

图 9-3　快手短视频播放页面

2. 社区互动与发现

与其他新媒体平台一样，快手的社区互动功能全面，包括评论互动、私信聊天、直播间互动等。用户可以关注感兴趣的创作者，与他们互动交流，成为彼此的支持者和粉丝。在快手，点赞、评论和私信等功能都非常便捷，有利于用户及时表达自己的看法和感受，与创作者和其他用户建立联系。此外，快手还经常举办热门话题和挑战活动，鼓励用户参与创作和分享，进一步增强社区的活跃度和凝聚力。

3. 商业变现与电商服务

快手的商业变现与电商服务功能是其促进消费升级和提升内容价值的重要手段。通过与电商平台的合作，快手为电商商家提供了丰富的综合服务，共同实现生意增长。直播间"带货"、短视频联盟广告、快手小店、付费内容都是其中的重要板块。

直播间"带货"指快手主播会在自己的直播间销售商品。用户可以在观看直播过程中直接购买推荐商品。这是快手目前最主要的电商形式。

短视频联盟广告指品牌商通过投放视频广告或者与拥有大量粉丝的创作者合作，在短视频中嵌入品牌信息，以实现商业变现。

快手小店是平台内部建立的电商平台，创作者可以在小店销售自己推荐的周边商品。快手会抽取一定佣金。

付费内容是快手推出的知识与内容付费板块，包括付费课程、付费直播、付费短视频等。这些内容通常比免费内容更加专业、精致，为用户提供了更多学习和娱乐的选择。

9.2.2　快手的推荐机制

与抖音"爆款"逻辑不同的是，快手在算法推荐逻辑方面更强调去中心化，并鼓励小团体的连接和交流。经过多年的发展与打磨，快手在内容分发方面已经形成普惠、公平、共建的生态网络。快手的算法推荐逻辑以混合式内容推荐为主，订阅推荐、同城推荐为辅。

1. 混合式内容推荐

快手在内容分发和推荐上同时结合了多个机制，形成混合式内容推荐。这些机制具体如下。

（1）流量池叠加机制：根据视频的热度、时效性对内容进行推荐。

（2）话题机制：根据视频关键词和当前热门话题进行匹配推荐。

（3）社交关联机制：根据用户的社交圈子和互动对象，推送熟人或半熟人用户发布的内容。

（4）兴趣机制：根据用户的浏览历史和喜好特征，推荐感兴趣的内容。

这样的混合式内容推荐机制，除了保留传统的以视频热度为主的推荐机制外，还考虑了话题热度、时间权重及平台用户的社交关系。因此，许多粉丝量不大但话题性强的账号也会出现在快手的发现页，使快手中更多样的内容可以被有效传播。

2. 订阅推荐

作为成熟的新媒体平台，快手自然也具备订阅推荐机制。用户在浏览观看视频时，可以对感兴趣的视频创作者进行订阅关注。被订阅的创作者发布新视频后，平台会立即将其新的视频内容推送给已订阅了该创作者的用户。

3. 同城推荐

和抖音平台一样，为了便于满足用户在本地"衣食住行"方面的需求，快手也开发了同城推荐功能，图 9-4 为快手"同城"功能页面。该功能会自动匹配用户的地理位置信息，推荐给用户当地区域内发布的相关短视频。这些视频通常反映本地最新的资讯、事件等。例如，用户在北京使用快手，就有可能看到来自北京的网友拍摄发布的视频，内容涉及北京当地的美食资讯、文化活动、市井生活等。如果某个本地事件突然引发关注，也会快速呈现在本地用户面前。

图 9-4　快手"同城"功能页面

9.2.3　快手推荐机制的作用

快手以混合式内容推荐为主，订阅推荐、同城推荐为辅的推荐机制，给了创作者进行商业变现的机会。其作用具体表现为以下三点。

1. 以人为本，激发创作潜能

快手强调以人为本。这体现在平台的"去中心化"推荐机制中。平台会按一定权重展示更多普通用户的原创内容，使很多新晋创作者拥有被展示的机会。除此之外，平台还会采取新人活动、流量扶持等措施。这样一个"机会平等"的平台极大激发了更多创作者，尤其是"素人"创作者的创作热情，进而使平台内容更加丰富与多元。

2. 强社交属性，熟人关系传播

快手会主动为用户推荐熟人圈子中的创作账号，加强社交连接。这样的社交关系更容易赢得用户的信任和好感，也有助于内容在社交圈层的扩散。这不仅丰富了用户体验，还为商业品牌提供了更多依托社交关系进行传播的可能性。例如，品牌可以选择平台上的 KOL 作为代言人，或者设计能增强用户社交互动的活动来实现更好的传播效果。

3. 流量倾斜，助力品牌曝光

快手多样化的推荐机制为商业运营者提供了大量曝光机会。例如，快手会根据商家的内容质量和表现，为其提供更多的曝光机会和流量倾斜。这使商家有机会获得更多的关注，提升品牌知名度和影响力。平台的精准推荐也有助于商家更好地找到目标用户，提高广告的曝光率和转化率。

■ 课堂讨论

你知道快手平台上有哪些粉丝量超过千万的账号吗？你认为他们的粉丝量为什么有这么多？

9.3　快手的内容与创作

与抖音一样，快手也涵盖了诸多的内容领域。而与抖音追求"精致"的风格不同，快手的内容更偏向生活化与原生态，注重自我表达。其类别包括生活瞬间、才艺展示、美食记录、宠物互动等，展现了更加丰富的普通用户群像。

9.3.1　快手的主流内容

从整体上讲，抖音和快手这两大短视频平台的内容类型相差无几。但深究其中的细节便不难发现，两个短视频平台各自的主流内容种类和呈现形式有着诸多不同。其中，快手的主流内容分为以下几类。

1. 搞笑类

搞笑类内容是快手中最受欢迎的类型之一。快手上有很多知名的搞笑类内容创作者，通过创作搞笑内容吸引了大量的粉丝，成为"网红"。快手的搞笑类内容包括以下几种。

（1）恶搞模仿：这是搞笑类视频的常见形式。创作者通过对经典影视剧、综艺节目等进行模仿和改编，制造出笑点。这种形式往往需要创作者具备较高的表演和模仿能力。

（2）段子演绎：以幽默诙谐的方式演绎有趣的故事或段子。

（3）搞怪扮丑：通过故意扮丑、出洋相或者做出一些荒诞滑稽的动作来引发观众的笑声，这种形式需要创作者放下身段，敢于自嘲。

（4）生活搞笑：这种形式的搞笑视频取材于日常生活，通过记录生活中的一些有趣瞬间或糗事来引发观众的笑声。

（5）动画搞笑：通过制作一些搞笑的动画短视频来吸引观众，这种形式需要创作者具备一定的动画制作技能。

2. 生活实录

生活实录即记录真实生活的短视频内容。快手强调内容的原生态和真实性，鼓励创作者自然流露生活状态，记录工作、学习、爱好等各种生活片段，让平台用户了解自己的心情、看见自己的生活。这类内容的真诚性和直观性更容易打动用户，激发互动和讨论。

另外，展示独特生活方式的记录内容也深受用户欢迎。来自不同地域、行业、民族的创作者可记录自己的生活，分享各自的经历。例如，在快手上有记录赶海生活的"于小欠户外录"，如图 9-5 所示；有记录非遗文化传承的"油纸伞大师（匠林风华）"；有分享学习和生活技巧的"万能学姐"……这些生活方式的分享能让用户开阔视野、了解他人生活的不同侧面，也为平台注入了生机与活力。

图 9-5　快手"于小欠户外录"账号主页

3．影视剧

快手的一个特点是专门开辟了"放映厅"，用以展示和播放经典的影视剧和平台用户创作的影视剧。图 9-6 所示为快手"放映厅"功能页面。快手的放映厅频道致力于满足用户的"追剧"需求。许多热门的电视剧、电影及经典的老片，用户都可以在这里找到并随时观看。这一功能为用户提供了极大的便利，使他们无须跳转到其他平台或软件，便能轻松追剧。

图 9-6　快手"放映厅"功能页面

除了影视剧，快手还提供大量的用户自制短剧。快手自制短剧是快手推出的一系列短剧节目，以搞笑、爱情、悬疑等题材为主。这些短剧的时长一般在 3～5 分钟，内容紧凑、情节丰富，深受观众喜爱。

4. 直播

直播与短视频平台可谓相伴相生。快手平台的直播也是一种非常受欢迎的内容形式，它允许创作者实时与观众进行互动交流。其形式多种多样，涵盖了才艺表演、日常生活分享、美食制作、手工艺制作等多个领域。

9.3.2　快手的真实性创作

快手注重真实性与可靠性，以"记录生活"的口号实现"接地气"的推广传播。快手的创作一般需要遵循以下要素。

1. 真实呈现

快手注重真实呈现。在创作时，哪怕在拍摄、剪辑、特效等方面有瑕疵，但只要是真实呈现的内容，都有可能因其真诚朴实的特质打动用户，收获粉丝。正因如此，想要在快手追求"原生态"与"真实感"，就要注意避免造假、夸张，多记录生活的真实状态，提高可信度。

2. 全方位展示

在快手创作具有真实性的短视频，其内容应以展示不同的生活为主。这就需要创作者通过多角度的细节展示，立体化、全方位还原一个场景或氛围，让视频内容丰富饱满。例如，展示一处风景，无须局限在单一机位，可以采用多点拍摄、第一视角拍摄、多重画面剪辑等方法，帮助用户构建完整场景。

如此一来，用户才能更好地领略不同地域的风土人情，实现在线体验真实生活，产生代入感。视频本身也将具备独有的震撼力。

3. "老铁"式表达

在快手中，有一个独特的现象被称为"老铁经济"。"老铁"原本指方言里的"铁哥们儿"，形容密切、牢靠的朋友关系。而快手的生活化气质使平台里的用户以"老铁"互称，彼此建立起长期且密切的关系。

"老铁经济"鼓励快手用户创作或直播时采用"唠家常"式的语言风格，拉近创作者与粉丝之间的距离，烘托亲切、信任的氛围。创作者会避免使用生涩难懂的专业术语，而是用大白话、方言等平易近人的语言与观众交流。这样极亲切的表达形式吸引了"老铁"用户们关注、观看、互动、打赏……可谓"一声老铁，撑起一个平台"。无论是制作短视频还是直播"带货"，创作者们都可以模仿这样的"老铁"式表达，与用户建立长期信任关系。

4. 结构简单明快

考虑到用户的时间成本和认知限制，快手的内容要求简洁明快，通常采用"黄金 3 秒+过程展示+高效收尾"的简单结构。

（1）黄金3秒

视频最开始的3秒是吸引用户的关键时机。创作者要在极短时间内，通过有力的画面语言或话语将视频主题明确地提炼出来，抓住用户眼球。这可以通过设置悬念、展示精彩瞬间或突出主题的方式来实现。

（2）过程展示

这部分是视频的主要内容，需要详细展示短视频的主体情节或具体过程。对于故事短剧、技能教学、产品评测等类型的内容，过程展示尤为关键。创作者需要清晰地呈现情节、操作步骤、讲解技巧或分析产品特点，同时要注意节奏把握，避免过于拖沓或简略。

（3）高效收尾

视频最后要高质量落地，迅速有力地结束。常见的手法有提出问题、简明扼要的小结、呼吁用户互动等，这样既可加深用户印象，又可推动评论互动。用简洁的方式完成内容的输送是快手短视频的基本法则。

课堂讨论

快手与抖音平台的内容种类和呈现形式有哪些异同？

9.4 "老铁经济"：快手的私域运营

在第八章中，我们已详细介绍了抖音的主要运营模式——常规运营模式与集群出圈模式。对于快手来说，这两种运营模式同样适用。然而除此之外，快手有一项数据非常亮眼，那就是它的"私域流量"。

2022年发布的《快手私域经营白皮书》显示，快手私域贡献了70%的电商交易额、80%的直播打赏金额，是运营者营收来源的主要支撑。蓬勃发展的"老铁文化"让粉丝用户对运营者的支持成为扩大影响力并实现商业变现的重要基础。

9.4.1 公域积累

快手曾提出"公域有广度，私域有黏性，商域有闭环"的运营新逻辑，旨在鼓励运营者先在公域领域广泛吸引用户，吸引其成为私域粉丝，为后续的商业变现打下基础。因此，运营者首先要努力经营公域内容，保证自身的内容足够有吸引力。

1. 接地气的人设定位

在快手上，一个鲜明的人设定位能够帮助运营者快速吸引目标用户。人设定位需要根据目标用户的特点和喜好进行设计，包括内容风格、语言风格、形象风格等。明确的人设定位有助于运营者打造独特的内容标签，从而在公域领域中脱颖而出。

另外，在打造人设时同样需要考虑快手的"老铁文化"。一个亲切、接地气、像朋友一样的人物设定更能吸引快手用户。运营者可以通过头像、用户名、个人简介等方面精心设计自己的形象，拉近与用户的距离。用户"彪总不彪"就为自己打造了一个"随和""仗义"的东北大哥形象，如图9-7所示。

图 9-7　快手"彪哥不彪"账号主页

2. 长期且垂直的运营

为了在公域领域中获得更广泛的用户基础，运营者需要专注于某一特定领域或话题，进行垂直深耕。通过持续输出高质量、专业化的内容，运营者可以建立起在该领域的权威性和专业度，进而吸引更多对此感兴趣的用户。知名网红"V手工～耿"在快手开设的账号就持续输出"创意发明"的视频内容，已发布几百个视频作品，如图 9-8 所示。垂直深耕还有助于运营者建立稳定的粉丝群体，为后续的私域经营打下基础。

图 9-8　快手"V 手工～耿"账号主页

3. 利用热点增加曝光

借助热点和话题是扩大公域影响力的有效方式。运营者需要时刻关注时事热点和社会话题，并迅速将这些元素融入自己的内容中。通过参与或发起热门话题讨论，运营者可以吸引更多用户的关注和参与，进一步扩大自身在公域领域的影响力。快手的热榜、搜索飙升、话题标签与活动都可以为运营者提供增加曝光的机会。

4. 积极互动与反馈

要想将公域用户转化为私域粉丝，与用户的互动和反馈至关重要。运营者积极地与用户互动，可极大地增强用户的信任感，增加用户的黏性和忠诚度，也更容易将用户转化为粉丝。运营者需要积极回应用户的评论、私信，了解他们的需求和意见，并根据这些需求进行内容的调整和优化。

9.4.2 私域变现

在公域积累了一定数量的粉丝后，运营者便需要转入私域，与私域粉丝深入交流，最终促成商业变现。《快手私域经营白皮书》整合出以"私域沉淀+私域巩固+私域转化+平台支撑"为主线的"快手私域经营4S方法论"。这一方法论为运营者经营私域流量提供了重要指导。

1. 私域沉淀

"私域沉淀"与上一步的"公域积累"其实是一体两面。在私域经营的初期，运营者的主要任务是沉淀粉丝。通过在公域领域持续输出高质量、有价值的内容，吸引用户的关注和留存。同时，建立良好的个人形象和品牌形象，加强与粉丝之间的互动和联系，形成稳定的粉丝群体。

每个点击浏览的公域用户都是潜在的私域粉丝，因此私域沉淀的核心便在于将被吸引的公域用户留住。视频的评论区、直播的评论区都是潜在粉丝的聚集地。运营者要尽可能在公域基础上筛选出核心用户和种子用户，引导其关注账号。以内容为引，培育私域基础。

2. 私域巩固

在私域沉淀的基础上，运营者需要进一步巩固与粉丝的关系。这就需要运营者积极行动，通过互动交流、举办线上活动、建立粉丝团、提供专属福利等方式，增强粉丝的归属感和忠诚度。图 9-9 所示为快手用户"怀旧铺子"开设的粉丝团，运营者通过该粉丝团为加入的粉丝提供福利，扩大私域流量并持续经营。

3. 私域转化

经营私域，积累私域流量的最终目的是私域变现。依托私域流量积累的信任感，运营者可选择合适的时机推出付费内容或相关商业服务。变现可通过多种方式实现，如建立快手小店、广告合作、电商"带货"、直播打赏等。同样以快手用户"怀旧铺子"为例，该运营者就创建了店铺，如图 9-10 所示，甚至在自己的账号 ID 中标注"小店可下单"，以引导粉丝消费。

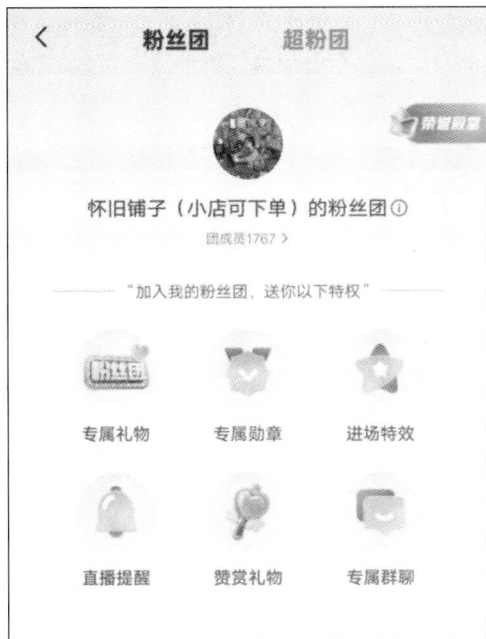

图 9-9 快手用户"怀旧铺子"开设的粉丝团

图 9-10 "怀旧铺子"账号创建的快手小店

快手的"老铁文化"强调情谊与信任，因此在商业变现的过程中，运营者仍然需要保持与粉丝的良好关系和信任，避免过度推销和利益驱动的不良行为。同时也要提供优质的产品和服务，满足粉丝的需求和期望，提高商业转化的成功率。

4. 平台支撑

"平台支撑"一方面指快手为运营者提供商业工具，另一方面也指运营者需要更积极主动地使用平台工具，实现共赢。快手提供了丰富的工具和服务，支持运营者在私域经营中的各个环节。除了上文提到的粉丝团、快手小店，快手还提供创作者服务平台、数据分析工具、直播工会、广告智投等全方位的商业运营工具。借助这些运营工具，运营者可以更好地了解粉丝需求，优化内容生产和商业变现策略。

在应用平台所提供的便捷工具与服务时，运营者需要遵守平台的规则和政策，避免违规行为，维护良好的平台运营环境。

课堂练习

请打开快手 App，尝试加入你喜欢的快手账号的粉丝团，并对账号运营者在粉丝团内所发布内容进行分析。

思考与练习

请你制定一份快手的平台运营方案。方案内容需包含账号定位、内容类型与发布策略、账号设置、竞品账号数据分析等内容。可以尝试使用 AIGC 工具帮助你完成方案的制定。

PART 10

第十章
视频号运营

学习目标
- ➤ 了解视频号的发展历程和优势。
- ➤ 了解视频号的推荐机制。
- ➤ 掌握视频号的内容类型和运营模式。

素养目标
- ➤ 打造高质量短视频，促进内容创新。
- ➤ 放大新媒体流量价值，助力数字经济转型。
- ➤ 扩大品牌影响力，推动数字经济融合发展。

　　视频号是腾讯依托微信打造的短视频平台。与其他短视频平台不同，视频号在保留个性化推荐的同时，更注重社交属性和熟人关系传播。视频号通过不断完善与迭代，已成为短视频领域的重要平台。

10.1 视频号概述

尽管腾讯系产品中以微信为代表的社交软件早已成为用户的"装机必备"，但在微信完整的生态闭环中，一直缺少短视频领域的产品。腾讯此前上线的试水性产品"微视"和"即刻视频"未获得预期反响。而快手、抖音等新兴短视频平台不断抢夺用户份额和使用时长。在此大环境下，腾讯亟须推出一款产品来巩固自己的市场地位。因此，视频号应运而生。

10.1.1 视频号的基本介绍

视频号是腾讯公司推出的短视频内容分享平台，它集成在微信生态中，允许用户创作、分享和观看短视频内容。

1. 平台定位

视频号是腾讯在短视频领域的一次重要布局，它旨在满足用户在移动社交场景下对视频内容的需求。与微信朋友圈的私密性不同，视频号的内容对所有微信用户开放，具有更强的公开性和传播性。视频号的推出不仅丰富了微信的内容生态，还为用户提供了一个展示自我、分享生活的新舞台。

2. 内容创作与分享

在视频号上分发的内容包含日常生活记录、知识分享、娱乐搞笑等多种形式。用户可以通过手机拍摄或上传已有的视频，并通过视频号平台进行编辑，添加音乐、文字等，创作出个性化的视频内容。视频号还提供了丰富的特效和编辑工具来帮助用户提高视频质量。

3. 社交互动

视频号与微信的社交网络紧密相连，用户可以在视频下方留言互动、点赞和分享。这种社交互动不仅提高了视频内容的曝光率，还促进了用户之间的交流和社区的形成。视频号的社交属性使内容创作者能够更直接地与用户建立联系，形成粉丝群体。

4. 商业价值

视频号为内容创作者提供了变现的渠道。通过视频号，创作者可以通过广告分成、品牌合作、商品销售等方式获得收益。此外，视频号还支持商家和企业进行品牌宣传和产品推广，提供了一种新的营销平台。视频号的商业化运作不仅为创作者带来了经济利益，还为广告商和品牌提供了新的营销渠道。

5. 市场竞争力

视频号在短视频市场中面临着激烈的竞争。为了在竞争中脱颖而出，视频号不断优化产品功能，提升用户体验，并积极拓展内容生态。视频号通过与微信的深度整合，利用微信的社交网络优势，形成了独特的市场竞争力。

10.1.2 视频号的发展历程

视频号起步较晚，自2020年开始，其发展一共经历了4个阶段：战略布局期、产品迭代期、商业化元年、持续创新和扩展期。

1. 战略布局期（2020 年）

在短视频平台竞争激烈的背景下，视频号应运而生，旨在填补微信生态中短视频内容的空缺，并满足用户对短视频内容的需求。

2020 年上半年，视频号主要进行功能及界面的测试，以确保产品的基本功能和用户体验。2020 年年中至秋季，平台继续优化用户体验，新增了包括个人关注、朋友推荐、热门推荐、附近等入口，引入了弹幕功能，并扩大了白名单用户群体，同时引入头部 MCN 机构和内容创作者，增强了平台的影响力。2020 年年末，视频号开始布局商业变现，实现了与直播、微信小店、公众号、朋友圈、小程序等微信生态内产品的互通，构建了以微信为核心的商业化闭环。

2. 产品迭代期（2021 年）

视频号在 2021 年的主要目标是打造一个完整的商业模式。

2021 年年初，视频号推出了公众号预约直播功能，进一步推广宣传视频号，增强了视频号与公众号、直播间、企业微信、个人微信号的连通性。通过这些互相连通的功能，用户可以在微信的核心功能体系中自由穿梭，为运营者提供了新的商业模式和增长机会，吸引了更多品牌、企业和新媒体人加入。

3. 商业化元年（2022 年）

2022 年，视频号全面进入商业化阶段。付费直播间、原生广告、视频号小店服务的推出为内容创作者和运营者提供了更多的收益机会。

视频号向用户开放了更大的内容传播渠道，无论是品牌、企业还是个人都能够通过视频号进行信息传播、产品推广，甚至直接完成商业交易。

4. 持续创新和扩展期（2023 年至今）

2023 年至今，视频号继续深化其在微信生态系统中的地位，通过技术升级和用户体验优化来吸引和保持用户基础。平台不断丰富内容生态，鼓励多元化的内容创作，并通过举办各类活动和挑战赛来激发创作者的参与度，为创作者和品牌提供了更多样化的合作机会，并通过推出新的变现工具来满足不同创作者的需求。

随着国内市场的成熟，视频号开始着眼于国际化战略，探索海外市场，吸引国际用户和创作者。同时，平台加强了内容监管和合规性，与政府机构和行业协会合作，共同推动行业的健康发展。

技术创新和 AI 应用也是视频号发展的重要组成部分。视频号利用 AI 技术来提高内容审核效率，优化推荐算法，并通过 AI 在内容创作和编辑方面的应用来降低创作门槛，激发更多用户的创作潜力。

10.1.3 视频号的优势

在当下爆炸式增长的短视频行业，视频号作为后起之秀，发展速度可圈可点。在几年的时间里，它逐步成长为集信息流、商业变现与用户社交于一体的成熟平台。视频号的快速崛起主要得益于以下 3 个独特优势。

1. 背靠腾讯平台，坐享天然流量

作为腾讯公司的重要布局，视频号一经上线就直接面向数亿微信活跃用户。由于其重要

的战略性地位，视频号曾被腾讯总裁亲自推广宣传，还有各行业内影响力较高的人士纷纷助阵宣传，因此成功吸引了社会各界的目光。

除了大力度的宣传推广外，视频号还得到了微信团队的平台高曝光。视频号的入口位于朋友圈下方（见图 10-1），顺应了用户浏览微信生态内容的点击习惯，在潜移默化中养成了用户随时浏览视频号的习惯。

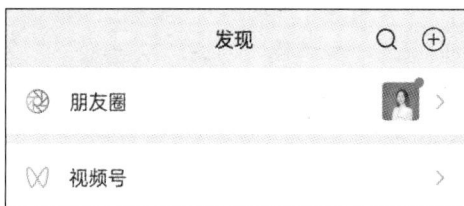

图 10-1　视频号入口位置

2. 强社交+熟人关系传播，可信度更高

依托微信的社交功能，视频号内容可通过朋友圈、聊天页面轻松向外传播。正因如此，视频号为品牌传播提供了全新的可能，其不仅保留了个性化推荐机制，还强调了基于熟人关系、社交关系进行传播的属性。经由"熟人社交圈"传播的信息，相当于得到熟人的背书，其真实性、可靠性得到了一定保证。这不仅加速了用户与产品建立信任的进程，还缩短了用户做消费决策的时间。这种立足于熟人营销和社交关系的传播优势是其他短视频平台几乎无法比拟的。

3. 位于微信生态圈，打通流量闭环

得益于微信生态圈红利，视频号在公域获客、私域转化等商业变现方面得到诸多助力，使用户"了解产品→进行体验→支付→复购→享受增值服务"的整个流程都在一个体系内完成。这样的完整体系既在最大程度上规避了因不同平台跳转带来的用户流失，又增强了用户的体验感，将整个购物过程变得通畅、便捷，真正做到了"无缝衔接"。

课堂练习

请打开视频号，并将该平台上的主要功能和内容板块都浏览一遍。

10.2　视频号的推荐机制

作为短视频行业的新力量，视频号在推荐算法时展现出了显著特征与独特优势——多种推荐机制叠加。这既满足了用户对个性化精准推荐的需求，又为优质内容提供了更多的曝光机会。同时，平台充分发挥社交影响力，让专业内容与商业产品通过熟人关系进行传播。

10.2.1　视频号的两大推荐机制

根据微信官方介绍，视频号的推荐机制主要由两大重要机制叠加，即社交推荐机制和个性化推荐机制。

1. 社交推荐机制

视频号由整个微信生态提供支持，因此其社交推荐一共有 3 种主要方式。

（1）朋友"点赞"推荐

这是视频号最核心的社交推荐来源。当用户在自己的朋友圈看到感兴趣的视频号内容并点赞后，该内容就有机会出现在此用户微信好友的视频号主页，供其他好友阅览。这一推荐会呈现在"朋友"板块中，如图 10-2 所示。

图 10-2　朋友"点赞"推荐示例

例如，张三点赞了李四发布的视频号内容后，这条内容就可能被推荐给张三的好友王五，如果王五也对该内容产生兴趣并点赞、评论或转发，则这条视频号又会在王五的社交关系中进一步传播……最终形成强大的信息传播效应。

这种基于社交关系和用户兴趣标签的二次传播可以将视频号内容高效而精准地分发给潜在感兴趣用户。它增加了内容曝光量与互动机会，有助于视频号运营者进行产品推广或品牌宣传。

（2）好友社交链推荐

这是视频号独特的社交推荐方式。当用户在视频号平台发布原创视频内容后，即便该用户的好友并未关注该用户的视频号，也可能通过视频号的推荐页面浏览到该用户发布的内容。

例如，张三和李四是微信好友，但李四并未关注张三的视频号。当张三在视频号上发布了一条视频后，李四在浏览视频号时同样可以通过推荐页面看到张三的短视频内容。

这一社交推荐机制与微信好友密切相关，它将社交链上的用户紧密相连，有效地将视频号内容扩散推广。

（3）朋友圈与社群推荐

视频号允许用户对感兴趣的内容进行主动传播和转发。当用户浏览视频号内容时，可以直接点击页面右下角的"分享"按钮，将内容一键分享至自己的朋友圈动态或者微信通讯录中的指定好友与群聊会话中，从而使更多的社交好友也看到这条视频，如图 10-3 所示。

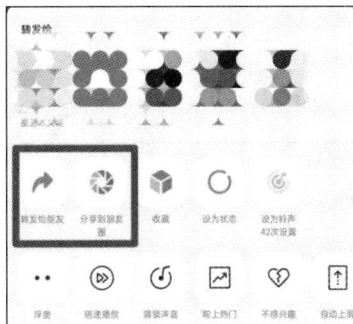

图 10-3　朋友圈与社群推荐

这种基于用户主动传播的社交式信息扩散可将短视频内容推荐到更广泛的群体中，帮助视频号创作者快速吸引到同好人群。

2. 个性化推荐机制

与其他新媒体平台的个性化推荐一样，视频号的个性化推荐机制也是指通过分析用户的观看偏好、身份信息、地域背景或互动情况等用户画像，为用户匹配并推荐个性化的短视频内容。举例来讲，如果用户在浏览视频号的过程中经常关注娱乐、搞笑类视频，平台就会自主为该用户推荐这一类型的视频。

个性化推荐机制是当前互联网信息推荐的主流机制之一，可大大提升用户的使用体验，增加用户黏性，这也为个人用户和品牌提供了商业推广的机会。图 10-4 所示为视频号推荐页面示例。

图 10-4　视频号推荐页面示例

10.2.2　视频号推荐机制的作用

社交推荐与个性化推荐机制两两组合的推荐方式在为微信生态内产品注入全新活力的同时，也为广大视频号创作者提供了更多发展机会。视频号的推荐机制正发挥着以下作用。

1. 拓宽用户内容体验的广度与深度

双推荐机制让用户可以在已订阅的信息源基础上发现更多个性化的感兴趣的内容，大大拓展用户浏览内容时的视野；同时也使创作者的内容更容易被更多用户关注。通过精准的推荐，视频内容可吸引更多的用户和粉丝。而社交推荐机制也让用户更乐于互动交流和二次传播，有效提高用户的忠诚度和参与度。

2. 高效传播，降低变现门槛

推荐机制连接精准用户，让创作者更容易找到产品适配群体，获得更多的曝光和关注，实现商业宣传与变现。同时，社交推荐机制依托熟人传播，更容易获得陌生用户的信任，提高视频内容的传播效率和影响力。

　　请打开视频号并浏览其中的内容，看看哪些是你的好友也在看或点赞过的内容。

10.3　视频号的内容类型及运营

　　视频号的内容类型涵盖了用户发布内容的风格、主题、领域等多种因素。通过对视频号内容类型进行分析与模仿创新，企业和个人有机会更好地实现粉丝增长与产品销售等运营目标。

10.3.1　视频号的内容类型

　　由于视频号基于微信平台，具备非常强的以熟人关系为基础的传播属性，因此其内容风格以高价值、真实可靠和情感共情为主。相对于其他平台来讲，视频号内容整体要更加严肃严谨，更具有分享给亲朋好友的价值。

　　视频号有以下五大典型的内容类型。

1. 热点类视频

　　与其他新媒体平台一样，视频号也少不了热点类视频。热点类视频是一种非常有效的内容形式，可迅速吸引大量的用户观看。这类视频通常围绕当前的新闻事件、流行趋势或社会话题进行创作，因此具有很高的时效性和关注度，如图 10-5 所示。

图 10-5　热点类视频示例

视频号用户群体覆盖了各个年龄段，其中包括数量庞大的中老年人群。他们热爱生活，也渴望通过网络平台了解新鲜事物，学习前沿知识并与亲友分享。

热点类视频可以细分为以下 3 种类型。

① 国家政策解读：第一时间发布最新政策资讯，帮助用户了解国家大事。

② 社会新闻热点：关注社会动态，提供最新事件进展。

③ 时事相关科普：根据当前时事分享相应的知识等，提高生活品质。

这些来自相关部门、专业人士的最新信息和热门资讯不仅能够帮助用户消除焦虑，掌握所需知识，还能让用户通过视频号平台进行互动交流，分享知识和经验，将正能量传递给更多人，进而维系情感。

2. 个人故事分享

视频号因其强大的社交分享属性，吸引了越来越多的人分享自己的生活故事。人们借此拓宽自己的社交圈，让更多人认识自己，并结交新朋友。其中，真实生活分享、旅游分享和成长故事分享这 3 种类别尤其受欢迎，它们真实展现了用户的生活点滴和成长轨迹。

（1）真实生活分享

短视频之所以深受广大用户喜爱并成为日常生活的基础娱乐方式，主要是因为它契合了人们的生活方式和认知需求。通过展示生活的多元面貌，短视频不仅满足了用户的娱乐消费和购物需求，还触动了人们对于真实、质朴生活的向往。

真实生活分享能让用户看到生活的不同侧面。越是接地气、质朴且不加修饰的生活视频，往往越能吸引用户。

视频号平台存在大量分享真实生活的视频内容，如图 10-6 所示。这些内容能够引发用户的共鸣，使用户产生或激动，或同情，或怀念，或振奋的情感。

图 10-6　真实生活分享示例

（2）旅游分享

人在旅途中常需与他人交流，而有旅行意愿的人也希望获得旅行经验，避免在旅途中遇到困难。基于以上原因，旅游分享类视频在视频号上也呈现出风靡的趋势。无论是即时拍摄的旅途片段，还是关于特定景区的游玩攻略，抑或是某个风景名胜的历史故事，都能够吸引众多用户的关注并引发互动。

视频号"涛哥带你游世界"详尽地介绍了诸多景区的故事和旅行经验，为用户提供了旅游指导，如图 10-7 所示。其他旅游分享类账号，如"欧洲李导""阿杰旅行|川藏自驾游"也纷纷制作出旅行见闻、注意事项等优质内容。

（3）成长故事分享

这种创作方式常见于一些企业主管、品牌创始人或有知名度的社会人士。这类人群一般具备一定的社会地位和关注度，其成功经验具有很高的学习价值。平台用户可以学习借鉴，从中获得启迪，进而更好地寻求成长或成功。

具有影响力且取得实际成果的人物的经历在视频号中广受欢迎。仔细探究可发现，这类人群往往具备以下优势。

① 社交圈广泛，影响力大，更容易得到平台官方支持。

② 对趋势敏感，更容易抓住热点。

③ 专业能力丰富，内容含金量高。

④ 供应链完整，变现能力强。

这些优势让成长故事分享类创作者大大节省了创作和运营的时间，也让他们的成长故事更加可靠、有吸引力。知识 IP "秋叶大叔"在视频号上发布的个人成长故事短视频，如图 10-8 所示。

图 10-7　视频号"涛哥带你游世界"

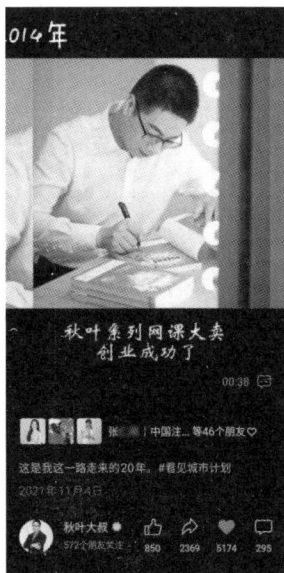

图 10-8　视频号上的成长故事短视频示例

3. 观点态度分享

对运营者来说，想要用户持续关注并成为粉丝，很重要的一点是拥有鲜明的观点、态度和个性。近年来，随着用户精神需求、审美需求和信息需求的不断提升，用户更加渴望通过互联网获得有力度的观点评价和精神上的慰藉。因此，观点态度分享也成为视频号平台的一大视频类型。

视频号"帆书原樊登读书"的每一条视频都向用户传达出鲜明的观点，如图 10-9 所示，这些视频频繁斩获 10 万+点赞和 10 万+转发的互动量。"境界越低的人，越不反思""人生的转折取决于对工作的态度""爱一个人是接受他的缺点"……这些内涵丰富、意味深远的话语直截了当地告诉用户某种哲思与道理。

图 10-9　视频号"帆书原樊登读书"账号主页

这类发表独到见解的短视频内容与视频号的调性也非常契合。视频号用户年龄层偏向壮年和中年，一般都拥有较丰厚的人生阅历和较快的生活节奏。观点态度类内容的风格符合这类人群的喜好，能为他们提供生活指导，节省其在生活中深入思考和分析判断的时间。

4．知识技巧分享

中国广视索福瑞媒介研究发布的《2023 年短视频用户价值调研报告》显示，超八成用户通过观看短视频获取实用资讯及技能。可以说，在任何领域，专业"干货"类内容都会得到重视。创作并运营此类题材内容，需要创作者在某一领域拥有深厚的专业知识，并有章法、有规律地输出自己掌握的知识与信息。

例如，在视频号搜索健身、育儿、运营技巧、文案写作、考研等关键词，均可搜索到许多相关账号。通过浏览这些知识技巧分享类短视频，用户能够轻松学习该领域的基础或进阶技巧；用户可以收藏或关注账号，以备后续使用。

高质量的知识技巧分享类内容，不仅能使用户获得视野的拓宽及知识维度的提升，还能让平台内容质量得到提高，从而吸引更多高质量用户和创作者加入。

5．情感分享

人类的七情六欲是与生俱来的，当人们看到生活的不同侧面，自然会激发出不同情绪。经济学概念"情感营销"就指出了情感对人的重要影响。这个术语意指通过触动消费者的情感来激发其消费欲望。所以在短视频内容创作领域，以情感为主题的题材也相当丰富与常见。

视频号"夜听刘筱"就是以诗歌、故事、美文传达情感，引发用户共鸣，如图 10-10 所示。

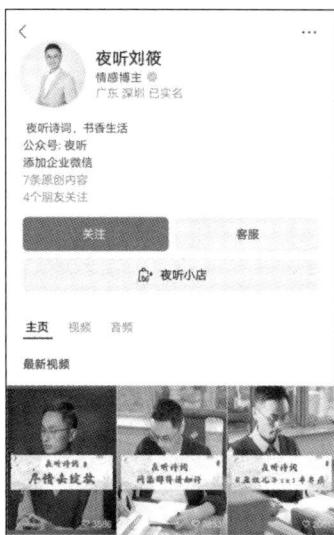

图 10-10　视频号"夜听刘筱"账号主页

10.3.2　视频号内容创作要点

虽然每个视频号的内容方向不尽相同，但其中也有一些共通的创作要点。一般情况下，视频号内容创作的要点有以下 4 个。

1. 选材：有热度，有讨论价值

俗话说："题好一半文。"一个好的选题不仅能勾起更多人的分享欲和表达欲，还能展现创作者自身的价值观和审美水平。在策划视频号内容的题材时，创作者可以借助视频号以熟人关系和社交关系为基础的传播模式，重点选择积极向上、有热度、有讨论价值的题材。

2. 标题：观点鲜明，叙事清晰

现代人的生活节奏快，他们更倾向于迅速、直接地获取所需内容。因此，在进行视频号内容创作时，标题的重要性不言而喻。视频标题要表达出讲述的内容及自己对该内容的态度，做到一目了然。

标题的写法主要有以下 3 种模式。

（1）直接讲述事件与内容

例如，"冬日的朋友小聚""我的 20 年成长故事"等。

（2）直接陈述所持观点

例如，"社群不能为爱发电""短视频成本不见得比写文章高"等。

（3）设置悬念

例如，"这 5 个岗位的员工即将被 AI 取代""10 大令人振奋的'中国制造'，你知道几个？"等。

3. 内容：强价值输出，融入趣味元素

短视频领域竞争激烈，视频号运营者要保证发布的内容有价值、有趣味，这样才能巩固自己的粉丝基础，实现持续运营。

（1）有价值

视频内容应该为用户提供某种价值，如解决他们的痛点、满足他们的需求、启发他们的思考、增加他们的知识等。视频内容一般遵循"抛出问题/目标→展示痛点场景→给出解决方案→呈现结果"的创作逻辑。

在视频号"秋叶 Excel-表姐"中，短视频《高手都是这样做 Excel 表格》便遵循了上述创作逻辑。在开头抛出"让员工做入职登记表"这个引子，然后展示"员工完全不懂怎么做"的痛点场景，接着给出"领导运用专业操作方法做表"的解决方案，最终呈现"领导的处理效果更快更好"的结果。这仿佛一集剧情高度凝练的"电视剧"，让用户学习了表格制作的工作技巧。

（2）有趣味

除了有价值，视频内容往往还要有趣味，这样才能吸引和留住用户，增加他们的观看时长。

在短视频中，增加趣味性有以下几个技巧。

一是使用幽默、搞笑、惊喜、反差等手法来制造笑点和亮点，让用户在观看的过程中感到愉悦和惊奇，同时也能突出短视频内容的特色和创意。

二是使用故事、案例、情景等方式来展示内容，让用户更好地理解和记住视频信息，增加他们的参与感和认同感。

三是使用音乐、配音、特效、动画等工具来增强短视频的视听效果。运营者可以在短视频制作过程中融入大量新式技巧，这些技巧能够突出视频内容的氛围和基调。

4. 画质：清晰且饱满

想要短视频脱颖而出，单单内容优质还不够，细节也至关重要。其中，格外重要的一个细节是——保证画质的饱满和清晰。画质直接影响用户在观看视频时感受到的视觉冲击力。

如果视频画面不饱满、不清晰，就会给用户造成视觉观看障碍。就算文案写得再好也很难让用户高效地接收内容，从而白白损失优质内容带来的流量红利。

一般情况下，视频内容分辨率需达到 1080P。用视频剪辑软件剪辑视频时，也需要注意在输出视频时，将分辨率设置成 1080P。另外，手机上传视频不便时，运营者也可以用视频号助手完成视频上传。

课堂练习

请尝试在视频号上发布一条关于你的个人故事短视频。

10.4 视频号的运营模式

近年来，视频号的影响力和商业价值逐步凸显。视频号运营者可以参照以下运营模式。

10.4.1　常规运营模式：短视频获客+商业变现

视频号独特的熟人关系机制是运营者扩大影响力的重要基础，因此视频号的常规运营模式便围绕这一特点展开。熟人关系的背书使产品、品牌、服务能够通过熟人关系圈进行传播，快速传递给陌生用户，并获得他们的接纳。因此，相当一部分视频号创作者通过不断输出高质量短视频内容积累粉丝，等粉丝基数达到一定量级后，便开始通过直播、开设小店等方式进行商业变现。

视频号平台提供多种商业变现功能，主要包括以下4种。

1．直播打赏

视频号允许用户在观看直播时进行打赏，打赏收入可以直接转入运营者的微信钱包。这是一种常见的变现方式，尤其适用于娱乐、才艺类主播。

2．电商变现

视频号允许运营者挂载小店商品链接，用户在观看视频时可以直接点击购买商品。运营者也可以在视频下方添加商品卡片，用户可以通过点击卡片进入小店进行购买。这种方式适用于电商推广、商品展示等场景。

3．品牌合作与广告植入

当视频号具备一定的影响力后，运营者可以与品牌合作，对品牌进行产品测评、体验或宣传，从而获取广告费用或推广费用。运营者还可以在视频中植入广告内容，通过展示广告来获取收益。

4．跳转至小程序或公众号

视频号允许运营者在视频描述或评论区中添加小程序或公众号的链接，用户可以通过点击链接进入小程序或公众号，从而实现流量转化和变现。例如，运营者可以在视频描述中添加小程序的购买链接，用户可以直接进入小程序购买。

这一常规运营模式几乎适用于所有视频号运营者，帮助运营者形成从短视频内容获客到直播变现的闭环。

在视频号搜索"优选""选品"等关键词，就能搜索出大量采取常规运营模式的视频账号。这些账号普遍会持续发布一系列短视频来调动用户的兴趣，同时又会定期进行直播，通过互动讲解的方式促成用户的消费。

从获客到成交，完整商业盈利链都在微信平台内，有利于在最大程度上减少用户流失。当然，对于这样的运营模式，早期"破圈吸粉"非常关键。一般创作者需要拥有一定数量的微信好友或基础粉丝，才能实现更快速的传播。

10.4.2　微信私域模式：内容获客+直播转化+企业微信留存

视频号为微信补上了短视频的重要一环，由此微信形成了集公众号、朋友圈、视频号等多种功能于一体的强大新媒体生态，微信私域模式也应运而生。这是一种利用私域经济盈利的运营策略。

与常规运营模式一样，首先，运营者需要通过短视频或直播释放优质内容，构建强大的品牌影响力，积累意向用户。其次，运营者将这些意向用户导向企业微信，并逐步筛选出高质量的付费用户，进行深度的追踪服务和持续的关系维护，让付费用户转化为品牌的忠实粉丝。最后，运营者可利用公众号持续发布活动信息和最新动态，起到辅助获客、转化与留存的作用。

知识 IP"秋叶大叔"所创建的公司旗下的"秋叶写书私房课"产品便是一个典型案例，如图 10-11 所示。"秋叶写书私房课"是一门帮助普通人出版图书的培训课程，其运营便采取了微信私域模式。

图 10-11　秋叶写书私房课页面

1．内容获客

运营者利用包括视频号在内的途径，持续输出与写书私房课相关的真实成长案例、写书私房课成果和图书出版知识等信息，让平台用户了解到写书私房课这一产品的价值与意义，从而吸引对图书出版感兴趣的用户，为转化用户打下基础。

2．直播转化

运营者利用互动性极强的视频号直播，直接与意向用户互动，分享出书知识，解答相关疑惑。这一环节是让意向用户深入了解出书的流程与好处，进一步加强他们付费参与的想法。运营者通过在直播时提供跳转链接等直接的服务，引导用户付费。

3．企业微信留存

通过在企业微信、微信社群和朋友圈等领域一对一服务，运营者持续追踪用户的成长，并为其答疑解惑。运营者还会通过品牌旗下公众号持续地推送优质内容，加深与用户之间的信息绑定。

微信私域模式巧妙地利用微信的私域流量优势来实现品牌价值的最大化。由于维护用户关系需要耗费一定的时间与精力，因此这类运营模式一般常见于团队与企业。

10.4.3　IP 分发模式：视频号+其他短视频平台

IP 分发模式是指将所创作的短视频内容发布在尽可能多的短视频平台。这种模式有利于扩大账号在全平台的影响力，尤其适用于希望在不同短视频平台扩大影响力的创作者和品牌。视频号作为有实力的短视频平台，可以与抖音、快手等热门短视频平台共同发挥作用。IP 分发模式有以下优势。

1．扩大覆盖范围

在多个平台发布内容，可以触达更广泛的用户群体，打破平台壁垒，实现流量共享。例如，抖音用户可能更年轻、更偏好娱乐性内容，而视频号用户可能更多元化。多平台发布能够确保内容触及不同兴趣和背景的用户。

2．提升品牌知名度

多平台矩阵式运营可以强化 IP 形象，提升品牌知名度和影响力，打造更具辨识度的 IP 形象。具有一致性的内容推广有助于建立统一的品牌形象。在所有平台上使用相同的标识、口号和内容风格，可以加深用户对品牌的记忆，提高品牌的识别度和忠诚度。

3．降低运营成本

一次创作、多平台分发，可以有效利用内容资源，减少针对每个平台单独制作内容的时间，降低运营成本，提高内容创作的效率和效益。

当然，运营者在视频号等短视频平台分发内容时，应注意以下几点。

1．内容一致性

运营者应确保视频内容在风格、主题和质量上保持一致，无论是在视频号、抖音还是快手平台上。例如，品牌主打专业教育内容，所有平台的视频内容都应围绕教育主题展开，并且使用相似的视觉元素和叙述方式，同时根据平台特性适当调整内容的节奏和互动方式，以符合不同平台用户的观看习惯。

2．账号名称一致性

统一的账号名称是品牌识别的关键。运营者应确保在所有平台使用相同的用户名和头像，这有助于加强用户对品牌的记忆。此外，一致的账号信息还包括简介、封面等元素，这些信息应与品牌定位和形象保持一致。

3．发布频次一致性

运营者可以制订一个合理的发布计划，根据各平台用户的活跃时间和偏好来安排发布时间。例如，微博用户可能更倾向于在早晚高峰时段获取信息，而哔哩哔哩用户可能更偏好晚上的长视频内容。运营者可以通过一致的发布频次，建立用户的期待，提高内容的曝光率和用户的回访率。表 10-1 所示为一个内容发布计划表模板，运营者可以根据实际情况对模板进行调整和填充。

表 10-1　内容发布计划表模板

序号	内容主题	目标用户	内容形式	预计发布日期	发布平台	关键词/标签	内容概述	责任人	状态	备注
1	主题一	年轻群体	图文	2024-07-01	微博	时尚、潮流	分享夏季时尚穿搭技巧	张三	待发布	需配图
2	主题二	专业人士	视频	2024-07-02	哔哩哔哩	教育、学习	介绍专业技能提升课程	李四	制作中	邀请专家访谈

新媒体平台运营实战（AIGC版）（慕课版）

（续表）

序号	内容主题	目标用户	内容形式	预计发布日期	发布平台	关键词/标签	内容概述	责任人	状态	备注
3	主题三	广泛用户	直播	2024-07-03	抖音	生活、日常	直播分享日常生活小技巧	王五	待确认	确定直播时间
4	主题四	爱好者	音频	2024-07-04	喜马拉雅	兴趣、爱好	讨论最新的爱好趋势	赵六	已完成	已上传草稿
5	主题五	学生群体	图文	2024-07-05	微信公众号	学习、考试	提供考试复习技巧和资料	钱七	待审核	需添加互动问题

4. 品牌信息一致性

在所有平台上，品牌传达的信息和价值观应保持一致。无论是视频内容、文字描述还是用户互动，都应强调品牌的核心理念。例如，如果品牌强调环保理念，那么在所有平台上的宣传和互动都应体现这一理念，让用户充分感受到品牌的责任感和使命感。

如此一来，用户在不同平台接收到的信息就会保持一致，从而凸显品牌的辨识度。

虽然要保持一致性，但在不同平台上进行适当的个性化调整也是必要的。IP 分发模式只是内容运营策略的一种，强调的是品牌在全平台的一致性，还有另一种内容运营策略是凸显同一账号同一主题下的内容在不同平台的差异性，以便更加精准地吸引对应平台的用户。针对不同平台的热门话题或节日，运营者可以创作相关主题的内容，同时保持品牌风格和信息的一致性。

实力稍弱的运营团队可以在前期优先保持各平台内容的一致性。实力强的运营团队如果有足够的预算进行差异性输出和运营，则可以采用差异化输出策略。

课堂练习

请尝试在视频号上发布一条"带货"短视频，并记录一周内的"带货"情况。

思考与练习

请你制定一份视频号的平台运营方案。方案内容需包含账号定位、内容类型与发布策略、账号设置、竞品账号数据分析等内容。可以尝试使用 AIGC 工具帮助你完成方案的制定。

PART 11

第十一章
哔哩哔哩运营

学习目标

➤ 了解哔哩哔哩的发展历程。

➤ 了解哔哩哔哩的三大特点和推荐机制。

➤ 掌握哔哩哔哩的内容类型和运营模式。

素养目标

➤ 把握小众文化大众化趋势，促进文化多样性。

➤ 打造高质量内容，响应内容精品化战略。

➤ 探索内容变现模式，助力数字经济创新发展。

➤ 扩大品牌影响力，推动文化内容与数字经济融合。

互联网技术的持续迭代对于"Z 世代"的成长有着直接影响。"Z 世代"是在互联网和数字技术的环境中成长起来的，对于科技、社交媒体和网络文化有着深入的了解并表现出积极的参与性。而哔哩哔哩便是聚集了大量"Z 世代"的典型文化社区和视频平台。

11.1 哔哩哔哩概述

哔哩哔哩以其独特的文化氛围和活跃的用户社区成为备受瞩目的互联网平台之一。然而，要深入了解哔哩哔哩的独特魅力和成功之路，必须探究其特点与风格，追溯其发展的历史。本节将探讨哔哩哔哩的基本情况和发展历程。

11.1.1 哔哩哔哩的基本介绍

哔哩哔哩最初是一个专注于动画、漫画、游戏的内容创作与分享的视频平台。它的核心用户群体是热爱二次元文化的年轻一代，他们在这里找到了一个展示自己作品、交流创意和分享爱好的空间。随着时间的推移，哔哩哔哩不断扩展其内容和功能，逐渐发展成一个涵盖7000 多个兴趣圈层的多元文化社区。

1. 哔哩哔哩的多元文化社区

哔哩哔哩的独特之处在于其对多元文化的鼓励和包容。在这个平台上，无论是二次元文化、弹幕文化，还是梗文化，每一种小众的观念与生活方式都能找到自己的舞台。用户可以在这里找到志同道合的朋友，分享自己的兴趣和爱好。这种文化多样性不仅吸引了大量年轻互联网用户，还为哔哩哔哩创造了充满活力和创意的社区氛围。

2. 哔哩哔哩与主流文化的融合

除了具有特色的小众文化，哔哩哔哩也在积极融入主流文化。它吸引了包括中央电视台、新华社和人民日报在内的主流媒体入驻，这些媒体的加入不仅丰富了哔哩哔哩的内容，还提升了其在社会中的影响力和认可度。这种跨界融合使哔哩哔哩的内容更加多元化，吸引了更广泛的用户群体。

3. 哔哩哔哩的内容板块

哔哩哔哩的内容板块非常丰富，涵盖了番剧、国创、综艺、动画、鬼畜、舞蹈、娱乐、科技、美食、汽车、运动等板块。每一个板块都是一个独立的社区，用户可以根据自己的兴趣选择加入不同的社区，享受个性化的内容和服务。

4. 哔哩哔哩的商业成就

哔哩哔哩的社区氛围和内容多样性为其带来了显著的商业成功。哔哩哔哩发布的 2023年第三季度财报显示，该季度哔哩哔哩的日均活跃用户数已经突破了一亿大关，总营收达到了 58.1 亿元。这一成绩的取得得益于哔哩哔哩对用户需求的深刻理解和不断创新的服务。

随着 5G、AI 等新技术的发展，哔哩哔哩有望进一步扩大其内容生态，提升用户体验。同时，哔哩哔哩也在不断探索新的商业模式，如直播、电商、会员服务等，以实现可持续发展。哔哩哔哩的目标是成为一个全球年轻用户文化交流的重要平台，引领中国乃至全球的青年文化潮流。

11.1.2 哔哩哔哩的发展历程

哔哩哔哩的发展一共经历了以下 5 个阶段。

1. 小众发展期（2009 年—2013 年）

哔哩哔哩的前身"Mikufans"，始创于 2009 年 6 月。从创立之初，哔哩哔哩便致力于为各种小众文化领域的爱好者提供一个交流分享的平台。其用户群体主要由对动画、漫画、游戏感兴趣的人组成，内容涵盖了动画、漫画、游戏的相关作品评析、创作分享、同好交流等。在这个阶段，哔哩哔哩还是一家以视频分享为主的网站，旨在为用户提供一个展示和分享自己创作的舞台。在发展早期，哔哩哔哩尚属于一个较为小众的文化同好者交流社区。直至 2010 年，Mikufans 正式更名为哔哩哔哩（Bilibili），并开始逐渐打造自己的品牌形象和独特的文化氛围。通过布局新的内容生态，哔哩哔哩尝试打造年轻多元的娱乐文化平台，吸引更多用户。随着移动互联网的发展，2012 年哔哩哔哩上线移动端版本，进一步扩大了其用户群体和影响力。

2. 大众化转型期（2014 年—2016 年）

经过早期的平稳发展，哔哩哔哩涌入越来越多的用户，同时也面临越来越多的问题。商业营收的压力、内容版权的隐患、旧有的小众文化用户和新用户之间的冲突，都给哔哩哔哩带来诸多挑战。基于此，哔哩哔哩开始逐步向商业化、大众化运营转型。

这一阶段，哔哩哔哩采取了许多商业化举措，如代理运营手机游戏、下架无版权内容、购买视频内容版权、尝试上线付费会员体系"大会员"、开启直播服务、加强内容审核等。

此外，在 2015 年至 2016 年间，哔哩哔哩乘胜追击，展开一系列活动，实现品牌影响力的进一步扩大。其举办的活动包括哔哩哔哩主题线下聚会、哔哩哔哩舞蹈嘉年华、哔哩哔哩动画角色人气大赏等，这些活动深入人心，在年轻用户群体中引发良好反响。这一阶段，哔哩哔哩得到了社会各界的广泛关注，不仅荣膺"中国十大纪录片推动者"称号，还吸引了主流媒体共青团中央的入驻。

3. 内容深化与社区建设期（2017 年—2018 年）

在这一时期，哔哩哔哩开始深化其内容的多样性，并加强社区建设，以增强用户黏性。

一方面，哔哩哔哩继续丰富平台的内容生态，除了继续购买国内外优质视频内容的版权，丰富平台的视频资源库，满足不同用户群体的需求外，还推出"百大 UP 主"等奖项，鼓励和支持内容创作者创作，从而提高平台内容的质量和多样性。

另一方面，哔哩哔哩继续加强用户之间的交流与互动，举办更多的线下活动及营销活动，使哔哩哔哩的用户基数持续增长，逐渐成为年轻人群中的主流视频平台。

4. 商业扩张期（2019 年—2020 年）

在这一时期，哔哩哔哩开始探索新的商业模式，并尝试进入海外市场，吸引更多的国际用户。

哔哩哔哩推出了更多增值服务，如会员服务、付费内容等，推进了直播业务和电商业务的快速发展，为平台带来了新的增长点和多元化收入来源。同时，哔哩哔哩还加强了与各大品牌和 IP 的合作，以提升品牌影响力和市场竞争力。

5. 技术驱动与生态构建期（2021 年至今）

在这一时期，哔哩哔哩开始更加注重技术驱动和生态系统的构建，以实现可持续发展。哔哩哔哩加大了对 AI、大数据等技术的研发投入，并通过 UP 主培养、内容版权管理、社区规则制定等措施，进一步规范平台生态构建与管理，提升用户体验。

为了提升平台的社会价值，哔哩哔哩与不同领域的企业进行跨界合作，如教育、旅游、科技等，拓宽服务范围。同时，哔哩哔哩还积极承担社会责任，增设公益活动、科普教育等内容。

课堂练习

请打开哔哩哔哩 App，并将该平台上的主要功能和内容板块都浏览一遍。

11.2 哔哩哔哩的特色与机制

哔哩哔哩为用户提供了独特的文化体验和交流平台，成为年轻人追捧的文化社区，同时这里也成为个人运营者、企业和品牌商业掘金的开拓地。

11.2.1 哔哩哔哩的三大特点

作为"Z世代"年轻用户偏爱的平台，哔哩哔哩有着与其他视频平台不同的特色。掌握哔哩哔哩特点，有利于运营者深度融入平台，实现高效运营。

1. 小众同好聚集，文化圈层细分

哔哩哔哩对小众文化给予了充分的包容和支持，这使平台上所呈现的内容更加多元化。由此带来的结果是平台上的内容变得更加丰富多彩。许多在传统社会中被忽视的爱好和才艺在哔哩哔哩上得到了展示的机会，并获得了同好的认可与喜爱。这种小众圈层间的交流和共鸣为哔哩哔哩注入了新的活力，也为众多创作者带来了心理上的满足和慰藉。由此，哔哩哔哩成为一个充满活力、充满创意、具有高度互动性的社区平台。

哔哩哔哩鼓励多元文化发展的策略及细致的内容分区促使用户群体之间迅速聚集，形成爱好者社群。一个拥有相似爱好与行为习惯的社群也就有着鲜明的消费喜好与倾向。平台用户在日常讨论和站内浏览中，即可向运营者传达出自身的消费需求。图11-1所示为哔哩哔哩内容分区页面。

通过哔哩哔哩的分区或标签内容，企业或品牌能够查看不同文化圈子所讨论的话题，并将其融入自身的宣传和推广，实现更精准的营销策略。这种紧密联系的用户与企业之间的互动，为哔哩哔哩打造了一个开放、活跃的社区生态，同时也为品牌推广提供了有力支持。

2. 潜在未来市场，把握精准客户

《QuestMobile 2023年新媒体生态洞察》显示，截至2023年9月，哔哩哔哩用户中35岁以下的年轻用户数占总用户数的83.9%，成为绝对的主力军。这一群体年轻、有活力、有消费意愿，因此对于个人或企业的运营者来讲，深耕哔哩哔哩就相当于抓住了未来5～10年的潜在市场。

通过在哔哩哔哩持续输出内容、积累粉丝，运营者可在潜移默化中培养这些年轻群体的消费习惯，从而培养出一批忠诚用户。这在其他新媒体平台上是可遇而不可求的。

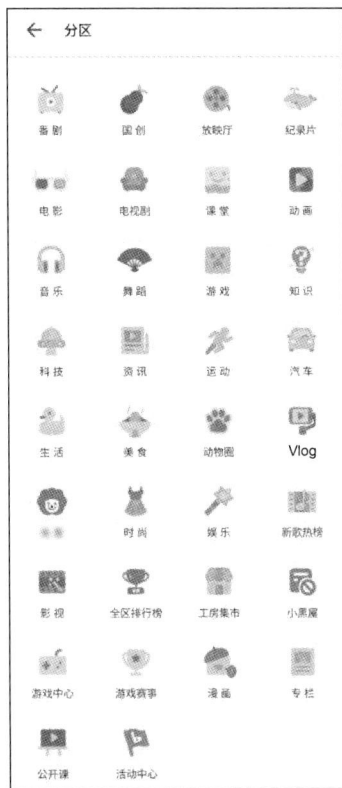

图 11-1　哔哩哔哩内容分区页面

3. 多维呈现形式，站外更易传播

除站内视频外，哔哩哔哩的年轻群体热衷于围绕喜爱的文化，制作形式多样的内容，包括且不限于表情包、绘画与手工制品等。以上这些内容的呈现形式带有很强的话题性和趣味性，且不受视频平台的限制，可以在整个互联网广泛传播。

尤其是表情包、GIF 等内容，经常被用户在微信、抖音评论、社群聊天等多种新媒体平台和场景中使用和传播。这种跨平台传播助力哔哩哔哩内容迅速扩散，进而形成"站内爆火，站外出圈"的景象。

11.2.2　哔哩哔哩的推荐机制

作为一个关键的运营策略，推荐机制不仅影响着用户的浏览体验，还直接影响着平台内容的流行和用户的参与度。哔哩哔哩采取内容匹配机制和强关注推荐模式并行的推荐机制。

1. 内容匹配机制

哔哩哔哩的内容匹配机制并不拘泥于简单的流量考量，而是拥有一套完整的权重和推荐体系。在以用户为中心的推荐机制中，视频的推荐权重的积累主要依托用户行为：用户行为越复杂，视频作品积累的权重就越高，也就越容易被平台推荐。

在用户行为中，分享行为被赋予了最高的权重，接着是发弹幕、投币（在哔哩哔哩中，投币是指用户使用站内虚拟货币"硬币"对自己喜欢的视频进行打赏或支持的行为）、评论、点赞、收藏，而播放量这个数据指标所积累的权重相对较低。

为了促使用户进行以上行为，哔哩哔哩还上线了"一键三连"功能，即用户长按点赞图标 3 秒，可同时实现点赞、投币和收藏三个操作。这种一键式的互动操作不仅方便了用户，还促进了视频的流行和传播。对于内容创作者来说，获得"一键三连"的支持意味着视频受到了用户的高度认可，有助于提升视频在推荐系统中的排名，进而获得更多的曝光和观看量。因此，"一键三连"成为哔哩哔哩用户之间互动的重要方式之一，也是哔哩哔哩社区文化的一种标志性功能。图 11-2 所示为哔哩哔哩的"一键三连"功能。

图 11-2　哔哩哔哩的"一键三连"功能

重视用户行为的推荐机制避免了内容创作者靠话题炒作、情绪煽动来博得关注的情况，更利于让真正的优质内容得到推荐。

2. 强关注推荐模式

哔哩哔哩还采取了一种与其他新媒体平台较为不同的推荐模式，即强关注推荐模式。在哔哩哔哩，用户与 UP 主之间的关注关系非常重要。系统会优先推送用户曾经关注的 UP 主所发布的内容。即使该 UP 主不频繁更新，只要有新的内容发布，其作品都会直接推送给用户。在抖音等平台，账号的更新频率会影响内容的曝光和推荐。

这种机制使用户能够更加及时地获取到感兴趣的内容，促进了用户与 UP 主之间的持续互动和交流。同时，这也为哔哩哔哩中的用户提供了更加个性化和精准的内容消费体验，增强了用户对平台的黏性。

哔哩哔哩独有的内容匹配机制和强关注推荐模式两两结合，共同构成了哔哩哔哩独特的内容推荐体系。这两种机制相互结合，使用户既能够看到个性化推荐的内容，又能够优先关注自己喜欢的 UP 主的更新内容。用户通过与 UP 主的互动，建立了更加紧密的关系，同时，UP 主也能够更好地与粉丝互动，从而提高内容的曝光度和用户参与度。这样的机制既满足了用户的个性化需求，又促进了内容创作者与用户之间的互动，构建了一个良性的内容生态系统。

> **课堂讨论**
>
> 请打开哔哩哔哩 App，分析哔哩哔哩 App 首页为你推送的内容有哪些类型？你喜欢它为你推荐的内容吗？

11.3　哔哩哔哩的内容类型及运营

哔哩哔哩不仅仅是一个视频分享平台，更是一个充满活力和创意的在线文化社区。用户可以在这里看到各种各样的视频内容。探究哔哩哔哩的内容类型和内容创作逻辑可以帮助运营者了解"玩转"哔哩哔哩的方法，最终实现 UP 主与账号影响力的增长和商业的变现。

11.3.1　哔哩哔哩的内容类型

为方便用户快速找到感兴趣的内容，大部分新媒体平台会开设内容分区。哔哩哔哩内容平台上也包含着多种内容类型，其分区的社区文化也是一大特色。哔哩哔哩的主要内容类型如下。

1. 二次元文化领域

哔哩哔哩最初是一个动画、漫画、游戏的二次元视频分享网站，即使发展至今天，其二次元文化内容仍然占据很大板块。这一文化领域在哔哩哔哩主要涵盖以下 3 个视频区。

（1）番剧区

番剧是指日本动画中的连续剧集，通常被称为"动画番组"或"动画剧集"。哔哩哔哩的番剧区是为二次元爱好者提供的一个视频区域，提供各种类型的正版动画番剧。番剧区汇聚了大量的热门动画作品，涵盖了各种风格和题材，满足了不同用户的观看需求。此外，番剧区还提供了丰富的互动功能，用户可以在观看番剧的同时参与弹幕评论、发布各种创意视频等，与其他动画迷分享观影心得和交流感想。

由于番剧视频是由哔哩哔哩官方主动购买版权并在平台上架的，普通运营者无法在此分区发布视频。但熟悉番剧区内容，跟踪热门作品，是许多哔哩哔哩运营者创作内容的重要素材来源方式。

（2）动画区

哔哩哔哩的动画区是运营者对二次元文化进行创作的重要聚集地。许多用户通过二次创作的方式，制作出各种各样的同人作品（由粉丝或爱好者基于原创作品的世界观、角色或故事情节而创作的衍生作品）、音乐视频、动画音乐视频、动画杂谈等，为喜爱的作品或角色创作各种衍生内容。

动画区是哔哩哔哩的一种独特内容类型，也是许多运营者选择的创作赛道。通过创作二次元作品相关的衍生内容，运营者可积累对应作品的粉丝群体，从而提升影响力。例如，哔哩哔哩动画区的 UP 主"泛式"凭借制作音乐视频、动画杂谈与盘点视频，成为影响力极高的百万级粉丝 UP 主，如图 11-3 所示。

图 11-3　动画区"泛式"账号主页

（3）游戏区

哔哩哔哩的游戏区是该平台上另一个备受关注的热门区域，主要围绕着与游戏相关的内容展开。这一视频区的内容包括游戏实况解说、评测推荐、杂谈、音乐及游戏直播等。

游戏区汇聚着热爱游戏的玩家，同样也适合热爱游戏的运营者入驻。运营者通过录制游戏内容，加以剪辑，并配上优质的特效、评论和解说，便能吸引广大游戏玩家的关注。在这一领域，哔哩哔哩知名 UP 主"老番茄"便是一个典型案例。其游戏实况视频以幽默滑稽的风格闻名，经常获得百万级的播放量，如图 11-4 所示。

图 11-4　游戏区"老番茄"账号主页

2. 知识技能

哔哩哔哩吸引了一群追求知识与技能的用户，相应的知识技能视频也在平台上获得了广泛关注。具备某些专业素养和技巧的人群，如高校老师、机构讲师或专业学者等，开始在哔哩哔哩发布知识课程、技能教程、科技科普等内容。哔哩哔哩的知识区与科技区是这些知识技能的集中区域。

中国政法大学教授罗翔开设了账号"罗翔说刑法"，通过发布法律科普类知识视频，如图 11-5 所示，在哔哩哔哩收获超三千万粉丝，成为当之无愧的知识区名人。

3. 生活娱乐

哔哩哔哩从小众文化爱好圈走向大众化的一个典型现象就是生活娱乐内容的涌现。与其他视频平台相似，生活娱乐类型的作品包容广泛，以记录生活、娱乐休闲为目的，在哔哩哔哩吸引大量用户。

（1）生活区

生活区主要涵盖了与日常生活相关的各种内容，包括生活技巧、家居装修、美食制作、健康养生、旅行体验等视频，与其他用户分享生活中的点滴乐趣和感悟。

图 11-5　知识区"罗翔说刑法"账号主页

（2）娱乐区

娱乐区是哔哩哔哩上一个集中了各种娱乐内容的视频区域。在这里，用户可以找到各种搞笑视频、综艺节目、音乐 MV、影视剧片段等内容，满足对娱乐休闲的需求。

主要活跃在娱乐区的 UP 主"papi 酱"以其幽默诙谐的风格和生活中的点点滴滴赢得了广大用户的喜爱。她的视频内容涵盖了日常生活中的各种话题，包括情感、职场、社交、家庭等，如图 11-6 所示。

图 11-6　娱乐区"papi 酱"账号主页

4. 真人才艺

由于哔哩哔哩小众文化多元发展的特殊属性，真人才艺类内容也能获得一席之地。这一领域在哔哩哔哩主要包括舞蹈区、音乐区、美食区等。运营者录制自己的才艺表演并发布在平台，以便爱好者讨论和交流，同时吸引感兴趣的粉丝。

11.3.2　哔哩哔哩内容的创作逻辑

哔哩哔哩上的内容种类繁多，各个分区均有着各自的特色与创作技巧。但具体的内容创作也需要遵循一定的规律。领悟哔哩哔哩内容的创作逻辑，有利于运营者提高作品质量，提升账号影响力与知名度。

1. 富有创意

与抖音、快手短视频社区不同的是，哔哩哔哩定位偏向长视频社区。如想制作出优质的热门作品，运营者需要在内容整体规划方面做足准备。由于哔哩哔哩年轻化、多元化的特征和小众爱好者聚集的特色，其平台内容大多富有创意。这里的创意并不单单是指选题方面，还包括内容呈现的形式、画面剪辑、语言风格等。

游戏区 UP 主"敖厂长"创作的"囧的呼唤"系列，就将话题聚焦在游戏考古、游戏揭秘这一富有创意的领域。其内容围绕历史上不为人知的游戏秘密与趣味知识展开，再通过幽默有趣的剪辑与追本溯源的讲述，富有创意地展现在用户面前，成为哔哩哔哩知名的系列视频。

2. 精准定位

精准定位要求运营者精准选择创作类型赛道，并在该类型分区持续输出作品。精准的定位更容易吸引精准的粉丝群体，让具有相同爱好的人快速聚集，让自己的作品从众多内容中脱颖而出，快速"出圈"。UP 主"大祥哥来了"就将视频内容定位为"试吃优质食材"。这样极具辨识度的内容定位使其收获了 400 余万粉丝。

3. 群体共情

同样由于哔哩哔哩"同好聚集圈"的特殊文化，如何获得一个同好群体的信任成为运营者面临的挑战。融入某个同好的"社交圈"，学习其圈内文化、"行话"与热点，才能更好地进行创作，更好地培养忠实粉丝，让具有同样身份与经历的人群自发讨论、互动，进而巩固自己的粉丝基础。

4. 大胆"恰饭"

"恰饭"是网络用语，原意指吃饭，但在网络文化中，它通常被用来指代通过某种方式获得收入或利益。在哔哩哔哩的语境下，"恰饭文化"主要是指 UP 主通过创作内容来吸引用户，并通过各种方式实现商业变现。

在其他平台，运营者往往要绞尽脑汁、小心翼翼地在内容中植入软广。而在包容度较高的哔哩哔哩，"恰饭文化"是一种积极的文化现象，平台和用户是鼓励 UP 主通过自己的才华和努力来获得回报，同时也为用户提供了优质的内容。

哔哩哔哩的"恰饭"方式与其他平台类似，UP 主主要通过广告植入、品牌合作、直播打赏、会员付费、商品销售等方式实现变现。不同的是，在输出高质量视频内容的同时，UP 主如果能真诚直接地"打广告"——在视频中明确告知哪些部分是商业合作内容，保持"广告"透明，让用户知道他们正在观看的是赞助内容，或者将"广告"内容做得有趣，以创意的方式融入视频，用户就不易产生反感情绪，甚至会产生期待，并与 UP 主进行积极互动。

课堂讨论

你认为在哔哩哔哩创作内容时，该注意哪些规律与禁忌？

11.4　哔哩哔哩的运营模式

走入大众视野的哔哩哔哩，其内容生态和商业模式开发也陆续得到完善与发展。越来越多的运营者在哔哩哔哩找到了属于自己的变现通路，进而衍生出基于哔哩哔哩热点的多种运营模式。

11.4.1　内容变现模式：内容输出+内容变现

内容变现模式是哔哩哔哩较为常见的一种变现模式。运营者首先通过持续的内容输出在站内积累粉丝与影响力，紧接着通过平台扶持、广告商单、付费课程和直播打赏等平台功能获得收益，实现商业变现。而海量的站内活动也在为这一模式的实现提供保证。

1. 内容变现模式应用

在哔哩哔哩，内容变现模式具体体现为以下几种运营方式。

（1）原创视频+广告植入

运营者在所发布的原创视频内容中自然地加入广告，在不影响观看体验的情况下为品牌做宣传。

例如，科技类账号运营者可以通过制作高质量的科技产品评测视频吸引大量粉丝，并在视频中巧妙地植入广告，如在评测中提及并展示赞助商的产品，同时保持内容的真实性和客观性。

（2）教学视频+付费课程

运营者通过分享免费教学视频吸引粉丝，然后推出付费课程，提供更深入的学习内容。

例如，教育类账号运营者可以通过分享职场和个人成长的知识吸引大量粉丝关注，之后通过哔哩哔哩的付费课程功能，推出自己的在线课程，实现知识变现。

（3）娱乐内容+直播打赏

运营者通过制作娱乐内容吸引粉丝，然后在直播中与粉丝互动，粉丝通过打赏来支持。

例如，娱乐类账号运营者可以通过制作搞笑视频获得高人气，并在直播时与粉丝互动，粉丝通过打赏支持他的内容创作。

（4）产品评测+电商链接

运营者在产品评测视频中提供购买链接，用户通过链接购买后，UP 主获得分成。

例如，生活类账号运营者可以通过直播和视频展示化妆品的使用方法和效果，同时在视频描述中附上化妆品的购买链接，引导粉丝通过链接购买，实现"带货"变现。

（5）原创音乐+音乐付费

运营者分享原创音乐，用户可以选择付费购买或下载。

例如，音乐类账号运营者可以创作原创音乐并在哔哩哔哩发布，通过哔哩哔哩的音乐付费功能将其设置为付费收听状态，粉丝可以购买和下载这些原创音乐作品。

（6）二次元创作+周边销售

运营者通过创作二次元相关内容吸引粉丝，然后销售与内容相关的周边商品。

例如，二次元账号运营者通过创作动漫相关的二次创作内容，如翻唱、音乐视频等，同时推出与二次元作品相关的周边商品，如 T 恤、挂件等，通过哔哩哔哩的商品功能进行销售。

新媒体平台运营实战（AIGC版）（慕课版）

（7）知识分享+会员付费

运营者提供部分免费内容，然后通过会员付费提供更深入或独家的内容。

例如，知识分享类账号运营者通过分享平面设计知识吸引大量对平面设计感兴趣的用户，并通过哔哩哔哩的会员付费功能提供更深入的内容给付费会员。

（8）游戏直播+游戏联运

运营者通过直播玩游戏吸引用户观看，并与游戏厂商合作参与游戏联运，通过引导用户去游戏内购买获得分成。

例如，游戏类账号运营者可以通过直播热门游戏吸引粉丝观看，同时与游戏厂商合作，参与游戏的联合推广活动，引导用户去游戏内购买相关道具或服务，由此获得分成收益。

（9）个性化定制+粉丝经济

运营者提供定制服务，满足粉丝的特殊需求。

例如，运营者通过分享生活日常和趣味内容，建立自己的粉丝群体，然后通过提供个性化定制服务，如定制画作、个性化视频祝福等，满足粉丝的个性化需求，从而实现变现。

2. 善用平台扶持

除了通过内容创作+变现的方式来实现账号的成功运营外，运营者还需要关注平台的扶持政策与活动，积极响应平台扶持政策，参与平台扶持活动，使运营效果事半功倍。平台扶持是指哔哩哔哩根据运营者的内容质量、创新性、社区贡献等指标，给予运营者一定的奖励或补贴，以鼓励和支持优秀的内容创作。

表 11-1 所示为哔哩哔哩主要扶持活动汇总。

表 11-1　哔哩哔哩主要扶持活动汇总

名称	介绍
新星计划	哔哩哔哩针对新晋或潜力运营者提供一系列培养和扶持措施，包括优先推荐、专属标识、专业指导、资源对接等，以帮助运营者快速成长和突破
充电计划	哔哩哔哩针对优秀运营者提供一系列激励和奖励措施，以鼓励和支持运营者持续创作和提高质量。加入充电计划后，粉丝可为运营者账号"充电"（即付费打赏），使运营者直接获得收益
创作者激励计划	哔哩哔哩针对特定的内容领域或类型提供的一系列扶持和补贴措施，有一定门槛要求（粉丝量达到 1000 或作品累计播放量超过 10 万）。加入后，平台会根据之后发布视频的播放量、点赞、收藏、评论等数据给予相应的激励奖金，以促进内容的多样化和创新化
花火计划	花火平台是哔哩哔哩于 2020 年上线的商业变现平台，供运营者与品牌广告方进行沟通，达成商务合作。运营者只要年满 18 周岁、粉丝量不低于 1 万、30 天内发布过原创视频、平台信用分不低于 90 分，就能通过该平台达成广告合作，赚取广告费

3. 参与主题活动创作

哔哩哔哩经常举办各种主题活动，如节日庆典、创作大赛等，运营者可以围绕这些主题创作内容，参与到活动中去。通过参与主题活动，运营者不仅可以获得哔哩哔哩官方的流量支持，还有机会获得奖金或其他形式的奖励。同时，参与活动的 UP 主能够与粉丝进行更深层次的互动，增强粉丝的参与感和归属感。例如，春节期间，运营者可以分享与春节相关的习俗介绍、节日美食制作等内容，与粉丝共同庆祝节日。

11.4.2 "爆款"出圈模式：创造"爆款"内容+站内站外传播

热爱新潮事物的年轻人聚集于哔哩哔哩，共同创造出许多"火爆全网"的流行文化，频频实现"站外出圈"。因此，研究潮流文化，创造"爆款"内容，使其"在哔哩哔哩大火"甚至"火出圈外"，也是哔哩哔哩一种独特的运营模式。

在哔哩哔哩，除了一些有趣、优秀的视频内容容易"出圈"外，还有两类较容易"出圈"的方式。

1. 创造"爆款"内容

（1）"热梗"

"热梗"是指在特定时期或特定社群中流行的、广为人知的、具有标志性的语言、动作或情节。这些"梗"通常源自网络、娱乐圈或流行文化，经常被人们用于表达幽默、调侃或共鸣。哔哩哔哩正是一个频频出现"热梗"的平台。运营者可以尝试在账号内容中打造自己标志性的语言动作、培养一个口头禅、构思一个有趣情节，形成自己的"热梗"。

（2）表情包

哔哩哔哩的运营者与粉丝之间往往有着非常亲密的联系，也会进行许多有趣的互动，表情包正是其中一种。表情包是一种由各种表情、情绪或人物形象组成的图片集合，在网上通常用于表达情绪。哔哩哔哩非常重视表情包文化，允许有一定影响力的 UP 主在平台上传属于自己的表情包供粉丝使用；许多用户也会为 UP 主自发制作表情包。

表情包轻松有趣、容易传播，因此这样的表情包文化也在无形中起到了宣传的作用，增加了用户活跃度、推广了 IP 人设，也有利于提高付费转化率。

2. 站内站外传播

要想内容在哔哩哔哩内外"出圈"，运营者还可以通过主动运营，增加内容"出圈"的概率。主动运营主要有以下 3 种方式。

（1）跨界合作

跨界合作是指运营者与其他领域或品牌进行合作，以创造新的内容形式或产品。这种模式可以扩大账号运营者及其所属企业或品牌的影响力，同时为合作方带来新的用户群体。

例如，美食 UP 主可以与旅游景点合作，推出特色美食旅行视频，不仅能增加视频的趣味性，还能带动旅游地的人气和消费。此外，UP 主还可以与品牌合作推出联名产品，如限量版周边、特别定制的食品等，这些产品往往因为其独特性和限量性而受到粉丝的追捧，从而加速内容在哔哩哔哩及其他平台的扩散、传播。

（2）线下"出圈"

运营者可以通过与粉丝建立紧密的联系，利用粉丝的忠诚度和购买力来实现线下影响力的"出圈"与变现。运营者可以通过粉丝见面会、粉丝专属福利等方式，提高粉丝的忠诚度。例如，UP 主可以通过粉丝见面会等形式与粉丝进行面对面的交流，拉近与粉丝的距离，提高粉丝的忠诚度，为更多线下活动积攒影响力，完成粉丝的线上积累与线下运营和"出圈"。

（3）跨平台"出圈"

为了让内容"火出圈外"，运营者需要在哔哩哔哩之外的其他社交媒体平台上进行推广。例如，将视频的精彩片段剪辑成短视频，在抖音等平台发布，吸引更多用户关注。

在对哔哩哔哩的视频内容进行跨平台传播时，运营者需要注意内容适配性的问题，即根据不同平台的用户偏好、内容格式、平台运营规则，输出适宜的内容。在跨平台传播时，运营者需要根据目标平台的特点调整视频的格式、长度和风格，确保内容能够吸引目标平台的用户。

很多在哔哩哔哩"爆火"的视频是 15 分钟以上的长视频，对于此类长视频内容，运营者不可直接"搬运"到其他平台，而应该结合其他平台用户的观看习惯来进行二次加工。通常来说，抖音、快手上流行的是 5 分钟以内的短视频。运营者可以将长视频内容继续去粗取精，剪辑精彩内容后再发布到抖音、快手等平台上。

哔哩哔哩作为一个多元化的内容平台，为 UP 主提供了丰富的运营模式和变现途径。从"热梗"的创造、表情包的传播，到跨界合作，再到线下"出圈"、跨平台"出圈"，每一种模式都能够帮助 UP 主扩大影响力、增强与粉丝的互动，并实现有效的变现。

不论是个人账号的运营者还是企业或品牌账号的运营者，都可以根据自身的特点和粉丝的喜好，灵活运用这些模式，不断探索和创新，以实现内容的持续输出和价值的最大化。通过这些模式的有机结合，哔哩哔哩不仅能够保持其独特的文化魅力，还能够持续推动平台和用户的共同成长。

课堂讨论

你知道哪些"火爆全网"的内容是从哔哩哔哩开始传播的？请分析这些内容"火爆全网"的原因。

思考与练习

请你制定一份哔哩哔哩的平台运营方案。方案内容需包含账号定位、内容类型与发布策略、账号设置、竞品账号数据分析等内容。可以尝试使用 AIGC 工具帮助你完成方案的制定。